CULPAFUCK !

Avec l'aimable autorisation
de l'agence éditoriale Paludes

ISBN : 978-2-265-11806-5

Dépôt légal : octobre 2018

Olivia Moore

CULPAFUCK !

Manifeste anti-culpabilité
pour se sentir moins merdique

fleuve
ÉDITIONS

SOMMAIRE

PRÉAMBULE

La culpabilité ? Pour quoi faire ?

***Culpabilité : sentiment de faute ressenti par un sujet, que celle-ci soit réelle ou imaginaire*[1].**

Qu'est-ce que la culpabilité et pourquoi ?

Soyons justes avec cette brave culpabilité : ressentir de la culpabilité, c'est avoir la capacité de reconnaître qu'on a fait du mal à l'autre et le regretter.

Bonne nouvelle : c'est un signe de maturité, donc de bonne santé mentale.

La culpabilité est à différencier de sa copine la honte :
- la culpabilité, c'est ce qu'on pense de soi ;
- la honte, c'est ce qu'on pense que les autres pensent de nous – une compétence dans laquelle nos amis les Japonais excellent. Attention, la honte est un avatar de la culpabilité, mais il existe des gens pétris de honte

1 Larousse.

qui ne ressentent aucune culpabilité. Ce qui en fait des personnes extrêmement gonflantes, parce que constamment en colère mais qui ne veulent pas le montrer. Bref.

Les origines du terme, en français, sont latines : *culpa*, en latin, veut dire « coupable », et sous l'influence chrétienne la notion porte une idée de rupture en même temps que celle de « manquer son but », rapport à tout ce qui est péché[1]…

En fait, se sentir coupable, c'est se reprocher de ne pas correspondre à l'idée qu'on s'était faite de soi, c'est notre incapacité à vivre en phase avec nos valeurs supposées… C'est chic, tout de même ! Finalement, c'est élégant, la culpabilité, ça se porte comme des chaussures très chères mais avec lesquelles on ne peut pas marcher.

Point « PAYS ANGLO-SAXONS »

En anglais, culpabilité se dit *guilt*, en allemand et en néerlandais *schuld*, mots qui, pour des raisons étymologiques un peu complexes, traduiraient l'idée de dette. Pour ne rien vous cacher, en estonien aussi la racine du mot culpabilité veut dire « dette », merci Internet[2].

♦ ♦ ♦

1 « Selon Bénaben, l'origine de *peccare* est inconnue, mais selon la Bible version Segond 21 de la Société biblique de Genève, le mot péché voudrait dire "manquer la cible" ; la racine hébraïque est *hatta't*, traduit par les juifs grecs d'Alexandrie par *hamartia*, soit : l'"égarement", l'"erreur", puis "détournement", "éloignement de Dieu". » Ça a pas l'air, comme ça, mais c'est érudit, ce *Culpafuck !*. Rassurez-vous, c'est temporaire. https://fr.wikipedia.org/wiki/Péché

2 Source : https://etyman.wordpress.com/2011/05/10/guilt/

Pourquoi l'humanité a-t-elle « inventé » la culpabilité...

... alors que le sentiment de responsabilité était amplement suffisant ?

La culpabilité précède la responsabilité, parce que l'instinct de survie précède la vie en société.

Tout en haut, dans la hiérarchie des besoins humains[1], on trouve la nécessité de survivre : manger, boire, dormir, être en sécurité. Or, cette nécessité impérieuse doit trouver une limite, sous peine de se terminer dans la barbarie et de conduire assez rapidement, inexorablement à l'extinction de l'humanité.

Pour « contrer » ou rééquilibrer l'instinct de survie, les humains ont décidé de condamner des comportements, des attitudes susceptibles de leur nuire et ont « inventé » la culpabilité, un sentiment aussi puissant que l'instinct de survie.

La culpabilité est en fait « la morsure de la conscience ».

C'est bien dit, mais ce n'est pas de moi, c'est de Herant Katchadourian, un psychologue américain qui en a fait le titre de son livre, en anglais, *Guilt : the Bite of Conscience*[2]. Il y souligne un point fondamental, à savoir qu'il y a « deux culpabilités » :

- Une culpabilité objective, liée à une réelle faute morale ou légale. Il est en effet approprié de se sentir coupable d'avoir volontairement rayé la voiture neuve de sa voisine du dessus ou encore d'avoir envahi un pays

---

1 Pyramide des besoins humains d'Abraham Maslow, https://fr.wikipedia.org/wiki/Abraham_Maslow

2 http://www.journals.uchicago.edu/doi/10.1086/660724

qui ne vous a rien demandé. La reconnaissance de culpabilité et du dommage causé à l'autre, dans ce cas, est un préalable à toute réconciliation. Cela étant, même si vous ne souhaitez pas vous réconcilier, votre culpabilité n'en reste pas moins établie.

- Une culpabilité subjective, liée au sentiment de faute, réelle ou supposée, qui est beaucoup plus rigolote – ça, c'est moi qui le dis – et sera le sujet de ce livre.

◇◇◇◇◇◇◇◇◇◇◇◇◇◇

Pourquoi « CULPAFUCK » ?

Si la culpabilité est un prérequis de la vie en société, le sentiment de culpabilité, lui, ne me paraît pas être un prérequis de quoi que ce soit. Je ne vois pas au nom de quoi nous serions tous destinés à porter 500 kilos de remords, hésitations et complexes divers sur nos épaules ; et à ne nous débarrasser occasionnellement que de 3 % de ceux-ci, après dix ans de thérapie.

Le sentiment de culpabilité est si puissant qu'il nous fait parfois prendre des décisions consternantes appelées plus communément décisions « de merde », comme celle de passer toutes nos vacances avec des gens qu'on déteste, mais à qui on pense devoir quelque chose, ou encore de faire un métier ennuyeux pour ne pas décevoir nos parents…

Point « culpabile »

Oui, vous avez bien lu. Pour moi, on ne *culpabil-ise* pas, on *culpabile*. Après une recherche approfondie sur Internet de quelques secondes, je peux établir que le suffixe *-iser* sert à faire d'un nom commun un verbe d'action... Depuis quand « culpabiliser » est-il une action ? Culpabiliser est même le truc le plus paralysant que je connaisse[1]...

Je milite donc pour la reconnaissance par l'Académie du verbe « culpabiler », qui signifie « se faire de la bile parce qu'on se sent coupable ». Je propose en revanche de garder « culpabiliser » lorsqu'on fait naître un sentiment de culpabilité chez quelqu'un, comme la différence qui existe en anglais entre *to blame* (générer de la culpabilité chez l'autre) et *to feel guilty* (se sentir coupable).

♦♦♦

Pourquoi on culpabile ? Est-ce qu'on naît avec ? Est-ce qu'il y a un quota-culpa par habitant ? Est-ce génétique ? Qu'est-ce qu'on y gagne ? Et surtout, « pourquoi suis-je enfermé·e dans un bureau au lieu de boire des piña colada en Thaïlande ? » « Parce que j'ai une famille à nourrir ? » Oui, alors, si on commence à se trouver des prétextes pour tout, on ne fait plus rien. *(Mauvaise foi inside.)* Je m'égare.

---

1 En vrai, je suis de mauvaise foi, le suffixe *-iser* sert aussi à désigner un changement d'état, ce qui justifie son utilisation dans ce cas.

Ce n'est pas entièrement notre faute, puisque notre langage aussi nous pousse à considérer la culpabilité comme la norme : on « culpabilise » et, pour être bien, il faut « dé-culpabiliser », comme si la culpabilité était la règle, et l'innocence ou la légèreté l'exception.

J'ai donc décidé d'inventer un verbe positif, en franglais — parce que je fucke la loi Toubon : *culpafuck*.

***Culpafuck*, c'est un verbe, un verbe anglais : *to culpafuck*. Verbe du 1er groupe néanmoins, de celles et ceux qui en ont ras la couette de se laisser imposer, voire de s'imposer à eux-mêmes, la vie psychologique d'un Playmobil.**
C'est logique, puisque je culpabile, je culpafucke.

La vie est un champ de libertés, en particulier quand on a la chance de la passer dans un pays démocratique et en paix. Entraver cette liberté avec des culpabilités infondées — non, vous n'êtes coupable ni de votre naissance sans péridurale, ni du divorce de vos parents, ni du caractère épouvantable de votre sœur —, c'est comme se payer une nouvelle paire de baskets et attacher les lacets entre eux, c'est complètement idiot. Sauf que nous le faisons tous.

Ceci étant posé, convenons que la culpabilité est un truc drôlement pratique. Surtout quand on n'a pas le courage de se sortir les doigts du… de la… Vous m'avez comprise.

Pour devenir soi-même, par exemple. Oui, la lâcheté comme la paresse sont de loin les meilleures amies de la culpabilité. Après, qui de la poule ou de l'œuf…

Personnellement, la culpabilité que j'éprouve vis-à-vis de certaines personnes m'empêche de les planter là sans préavis, et m'épargne de devoir me trouver de nouveaux amis. Parce que se trouver de nouveaux amis demande des efforts colossaux ! Comme se remettre en question, savoir ce que j'attends vraiment d'une relation amicale, entamer de nouvelles activités… Bref, c'est fatigant.

Néanmoins, ne mérité-je pas un peu mieux ?

Dois-je vraiment me cogner Régis – « vieux pote » pénible, jaloux et aigri, rencontré à la salle de gym il y a dix ans – au motif que, « le pauvre, il n'a plus que moi comme ami·e » ? S'il n'a que moi comme ami·e, il y a peut-être une raison, non ? Et ça lui rendrait peut-être service, à Régis, de se rendre compte qu'il a perdu tout son entourage parce qu'il devient relou ? De rien, Régis.

Faire ou ne pas faire des choses par culpabilité, c'est se condamner soi-même à réparer des fautes imaginaires nous incitant à vivre dans un pays imaginaire lui aussi… À part si vous êtes Peter Pan, n'avez-vous pas un tout petit peu autre chose à faire de votre courte vie ? Comme être responsable de trucs pas imaginaires au hasard ? **#JDCJDR**

Pratiquer la gentillesse, la générosité, la bienveillance par culpabilité, est-ce vraiment être gentil, généreux, bienveillant ?

Encore faut-il en prendre conscience. Est-ce que j'ai vraiment envie de faire ce que je me prépare à réaliser, ou quelque chose de plus fort que moi m'y pousse ? « Oui, alors, j'ai couché avec toi, mais pas parce que j'en avais envie, non, non, j'avais juste peur que tu sois déçu·e. »

Les gens pensent qu'on les aime, qu'on leur reconnaît des qualités au nom desquelles on se met en quatre pour eux, alors qu'on se sent juste coupable à l'idée de leur dire non.

Si les gens savaient tout ce qu'on fait pour eux par culpabilité… J'espère qu'ils refuseraient !

ALORS, UNE BONNE FOIS POUR TOUTES, CULPAFUCK !

Culpafuck l'Académie française

Comme vous l'avez peut être déjà un peu constaté, ce livre est en partie écrit en écriture inclusive et mots épicènes, voire en appliquant la règle de proximité.

Pourquoi ? Parce que le langage façonne la représentation du monde dans lequel nous vivons et qu'il m'est intolérable d'en effacer volontairement la moitié.

Alors oui, « c'est moche », paraît-il. C'est fou comme, dans ce cas, l'esthétique prime sur toute autre considération intellectuelle, philosophique ou sociétale.

Plus globalement, je ne supporte pas l'idée que nous vivions encore dans une représentation de la société façonnée par de vieux barbons jaloux du XVIIIe siècle parce que, je cite : « *Lorsque les deux genres se rencontrent, il faut que le plus noble l'emporte* », affirme Bouhours en 1675. « *Le genre masculin est réputé plus noble que le féminin à cause de la supériorité du mâle sur la femelle* », complète élégamment, en 1767, le grammairien Nicolas Beauzée[1].

Oui, mais non.

---

1 *in* l'excellent article : https://www.lemonde.fr/culture/article/2012/01/14/genre-le-desaccord_1629145_3246.html

Pour autant, je conçois que nos cerveaux ne soient pas encore habitués à cette forme de lecture. C'est pourquoi nous (la délicieuse maison d'édition et moi-même) nous sommes livrés à un saupoudrage typographique, destiné à vous acclimater en douceur.

Ceux à qui cela ne conviendrait pas :
- soit parce que « c'est moche, c'est illisible, on ne peut pas le lire à voix haute et les enfants vont faire des fautes d'orthographe » ;
- soit parce que « quitte à le faire, autant le faire jusqu'au bout » ;
voudront bien se reporter à la citation suivante :

« CEUX QUI NE FONT RIEN SONT PRIÉS DE NE PAS DÉCOURAGER CEUX QUI ESSAYENT. »

(Anonyme)

« Bien sûr, que la bienveillance, c'est important… BON, TU L'AVANCES, TA BARQUE À MERDES, CONNARD !!! »

Moi, discutant avec une amie, en conduisant dans les embouteillages parisiens.

1

CULPAFUCK... LA BIENVEILLANCE

Est-il utile d'aimer son prochain ?

POURQUOI ON CULPABILE :

Parce que Christophe André, le Dalaï-Lama, Matthieu Ricard et Frédéric Lopez... sœur Emmanuelle, mère Teresa et Brigitte Macron...
Parce que le monde est rempli de gens qui nous expliquent à longueur de bouquins, de conférences et d'interviews à quel point il faut aimer son prochain pour se faire une vie meilleure... Et qu'on n'est toujours pas capables de dire bonjour à notre voisin de palier — notre voisin de palier a une tête bizarre de satyre et émet des bruits tellement chelous dans sa cuisine (qui jouxte notre chambre) qu'on dirait qu'il y touille des gens morts.

Il faudrait également *a minima* accueillir avec bonté cette personne qui tousse ses bactéries très contagieuses dans la salle d'attente, cette dame qui est si près de nous dans la file de la caisse qu'on peut sentir son souffle dans notre cou, ou encore ce type qui marche en fumant devant nous sur ce trottoir étroit et ne se doute pas qu'on le hait de toutes nos forces de nous refiler son cancer des poumons.

Sans parler de notre voisin direct, alors que ça fait trois ans qu'on se dit qu'on va l'organiser, cette fête des voisins, et qu'on n'y arrive pas. Ce qui tend à prouver qu'il est vraiment compliqué d'arriver à se blairer mutuellement quand on ne dort pas aux mêmes heures. Alors, la bienveillance…

CULPAFUCK !

Personnellement, vivant en région parisienne, je consens à ne pas détester d'emblée mon prochain. C'est déjà énorme. Du moins tant qu'il ne s'exprime pas sur les réseaux sociaux.

On pensait que les réseaux sociaux allaient créer du lien entre des humains qui y trouveraient l'occasion de se découvrir… *a priori*, ils créent surtout des engueulades.

Depuis que tout le monde se sent obligé d'avoir un avis sur tout ET de le communiquer publiquement, je découvre toute la médiocrité intellectuelle et émotionnelle dont les humains sont capables, la médiocrité qui me frappe le plus étant la mienne, bien entendu.

Si Nelson Mandela avait été sur Twitter, il aurait fini par écrire des trucs comme « j'V t'crever et après j'irai finir tes parents à coup de H et je mettrai ta sœur la teupu à vendre deux euros sur un marché en Libye » digne des meilleurs trolls de la Toile. Twitter et les commentaires Facebook sont à la

bienveillance ce que l'huile est à l'eau de source : définitivement insoluble.

À notre décharge également, à part « Rendez-vous en terre inconnue », on ne peut pas dire que notre paysage audiovisuel soit marqué par la bienveillance **#HanounaDelormeau**. Des « Reines du shopping » à « Quatre mariages pour une lune de miel », en passant par « Secret Story » ou « Bienvenue chez Nous »... le déluge d'horreurs, de mesquineries et de méchancetés que se balancent les participant·e·s de ces émissions font passer Yann Moix et Christine Angot pour des Nicolas et Pimprenelle sous lithium.

Par ailleurs, il me semble qu'aucune des références médiatiques ci-dessus de la bienveillance ne soit salariée. Ces gens n'ont pas de collègues de bureau ! En plus, ils·elles ne doivent pas accueillir le réparateur de la chaudière « à 18 h 45, sinon j'ai pas de rendez-vous avant quinze jours » alors qu'il fait – 3 °C chez vous et ne sont pas coincés dans les embouteillages à 2 kilomètres de leur domicile, ils·elles n'ont donc aucune raison d'insulter le chauffeur du P*** de C*** de camion de livraison de mes C*** qui s'est tranquillement installé au milieu de la rue à sens unique pour décharger, alors qu'il est 18 h 40. Facile d'être bienveillant, dans ces conditions.

Je suis prête à parier que les gens les plus bienveillants de la Création sont des ermites. Pour moi, si Jésus est parti dans le désert sans prévenir pendant quarante jours, sans boire ni manger, c'est parce qu'il ne pouvait tout simplement plus nous encadrer **#LachezMoiAmen**.

Je veux bien accorder le bénéfice du doute à Christophe André. Médecin à Paris, il sait ce que c'est que le stress permanent généré par le quotidien urbain, stress qui nous conduit invariablement à détester tout individu qui se tient à gauche sur l'escalator du métro « alors qu'on stationne à droite et on laisse les gens doubler à gauche merde !! ». Mais même lui : sans doute mû par le stress, il s'est mis à la méditation, et je peux parier que c'est parce qu'il devait beaucoup en faire pour aimer son prochain qu'il l'a promue dans son métier, et pas l'inverse.

Alors comment faire ?
À dire vrai, je trouve que je suis une personne tout à fait bienveillante... vis-à-vis de moi-même. Je m'encourage, je me parle gentiment, je me rends service, je me remercie et même, parfois, je m'embrasse, c'est vous dire.

Attention, ce n'est pas de l'égocentrisme, je m'entraîne. Je me fais la main sur moi avant de m'attaquer aux autres, pour gagner en expérience et être sûre d'être réellement bienveillante vis-à-vis des gens qui m'entourent. Essayez, c'est TRÈS intéressant. Vous vous occuperez des autres quand vous serez grands.

« C'est une erreur commune
de prendre pour des amis
deux personnes qui se tutoient. »

Jules Renard

2

CULPAFUCK... LES AMI·E·S

Pourquoi avoir des ami·e·s ?

À quoi servent les ami·e·s ?

Qu'est-ce que la fidélité en amitié ?

Peut-on quitter un·e ami·e ?

Quand est-il temps de s'en faire de nouveaux ?

Autant de questions que je ne m'étais JAMAIS posées avant d'entamer l'écriture de ce chapitre.

J'ai des ami·e·s, comme vous j'imagine, et je considère que l'amitié devrait être la forme la plus aboutie de l'amour, parce que la plus désintéressée.

Il y a un idéal de l'amitié, la *philia* grecque : l'affection que nous portons à un individu pour ce qu'il est, non pour ce qu'il peut nous apporter. Mais soyons honnêtes, peut-on réellement aimer autrui de manière totalement désintéressée ?

En réalité, si je me penche sur les différentes amitiés, je réalise qu'il y a des catégories d'ami·e·s et qu'ils·elles ont une fonction souvent bien définie.

- **Les amis d'enfance :** personnes qu'on a rencontrées à l'âge où on n'était pas encore intéressé·e par l'argent et les relations qui comptent. Individu qui, de ce fait, nous connaît bien parce qu'il nous a vu·e·s manger nos crottes de nez, être amoureux·ses de créatures étranges et faire des choses absurdes pour les garder – devenir punk pour l'amour de Jérôme, passer des vacances naturistes dans la famille de Lisa… –, avoir des coupes de cheveux et des vêtements qui n'ont jamais été à la mode et d'autres encore qu'on refuse de raconter à nos enfants – « Oui, j'ai fait du stop la nuit dans la forêt de Saint-Germain-en-Laye et j'ai dû ouvrir la portière en marche pour que le type me laisse tranquille, mais je nierai tout. » Synonyme : disque dur.

- **Les potes du boulot :** personnes avec qui on est heureux·se de travailler, qu'on voit avant ou après le boulot, mais rarement sur son temps de loisir et surtout pas en vacances, parce que en vacances on a…
- **Les amis des vacances :** personnes que, à force de les croiser à Saint-Cyprien-sur-Sioule ou à Macon-plage, l'on a fini par trouver super sympas, avec qui on boit des coups, fait la fête, partage nos problèmes/réussites de boulot de façon sélective, la scolarité des petit·e·s et les maladies de nos vieux·eilles, mais qu'on ne verra jamais en dehors de nos vacances, même si elles vivent à quinze minutes de chez nous. Synonyme : *Les Bronzés*.
- **Les amis d'amis qui sont devenus nos amis :** gens que, à force de voir chez les Machins, on s'est mis à inviter systématiquement avec les Machins, parce que les Machins sont sympas, mais ils sont plus intéressants avec les Trucs. Sachant qu'on n'invitera JAMAIS les Trucs sans les Machins. Synonyme : intermittents du spectacle.

- **Les amis du couple :** personnes qu'on a rencontrées quand on était déjà en couple, qui sont donc en principe amis des deux membres du couple, mais plus amis avec personne si le couple en question se sépare. Synonyme : pièces rapportées.
- **Les amis qui sont des parents des amis de nos enfants :** personnes avec qui on parle à la sortie de l'école, avec qui on se gèle par – 3 °C pendant le match de rugby du petit dernier, qui récupèrent nos enfants quand on est coincé·e dans les embouteillages, photographient le cahier de SVT de leur fille pour nous envoyer les cours quand notre fils a oublié son cartable et nous rappellent que la queue des inscriptions pour le séjour au ski « c'est demain matin à partir de 7 h 30, tu veux que je te garde une place ? ». Bref, personnes qui te sortent de la mouise régulièrement donc te rendent la vie parentale un peu plus supportable et finissent par t'inviter à dîner en prime. Synonyme : héros Marvel.

Honnêtement, il n'y a rien de mal à considérer son entourage en fonction de son utilité sociale, parce que les vrai·e·s ami·e·s, ceux que l'on aime pour qui ils sont, sont en réalité l'exception : « Chacun se dit ami, mais fou qui s'y repose. /Rien n'est plus commun que ce nom, /Rien n'est plus rare que la chose. » Jean de La Fontaine.

En revanche, il existe au moins 10 types d'ami·e·s dont il est urgent de se séparer sous peine de se sentir régulièrement coupable pour rien :

1.L'AMI·E QUI SE COMPARE

« Tu as tellement de chance toi, tes enfants sont formidables, ton métier est super, ton conjoint est incroyable... »

POURQUOI ON CULPABILE :

Parce qu'il·elle « a moins de chance/d'argent/d'amour que nous » et qu'on pense que ça « rattrape » de le·la laisser partager notre aisance...

CULPAFUCK !

Oui, parfois on a plus de chance que les gens qui nous entourent, ou bien on a bossé pour ça et ça a marché et pas pour l'autre. Le réflexe courant est de minimiser son propre bonheur pour épargner la sensibilité de l'ami·e moins chanceux·se, ce qui est délicat.

Toutefois, si ce style de comparaison intervient plus de deux fois par an, à jeun et assorti d'un « Tu ne peux pas savoir ce que c'est, toi tu as tout pour être heureux·se »... il est temps de commencer à réaliser : ce n'est pas de l'amitié, c'est de la jalousie. Non seulement c'est moche, mais c'est un puits sans fond. Même si vous vous mettiez plus bas que terre, vous n'apaiseriez pas ce sentiment chez l'autre et, surtout, vous ne l'aideriez en rien dans sa situation. Alors lâchez l'affaire...

2. L'AMI·E POSSESSIF·VE/ ENVAHISSANT·E/JALOUX·SE

« Tu fais quelque chose vendredi prochain ? et samedi ? et dimanche ? Dis donc t'es pas très disponible, tu vois encore Sophie, je parie ! »

POURQUOI ON CULPABILE :

Parce que, au départ, c'est une forme de reconnaissance : « Oh, bah, si il·elle a besoin de me voir beaucoup, ça prouve qu'il·elle m'apprécie vraiment. » Puis on se rend compte que c'est un besoin pathologique de l'autre, alors on ne veut pas être méchant·e et on négocie avec soi-même, jusqu'au moment où c'est insupportable.

CULPAFUCK !

Cet·te ami·e nous veut pour lui·elle, souvent, et n'hésite pas à nous faire des scènes de jalousie parce que « Moi, tu sais, je suis tout le temps tout·e seul·e ». Tu m'étonnes, que tu sois toujours seul·e ! Cet·te ami·e est flippant·e et ne donne qu'à condition qu'on lui soit exclusivement attaché·e, du coup, est-ce réellement un·e ami·e ?

Il est toujours compliqué de se dépêtrer des tentacules des gens possessifs, puisque, par définition, plus ils nous sentent partir, plus ils s'accrochent.

Je me permets donc de partager avec vous la technique du « Je ne m'éloigne pas, je rétrécis » qui consiste à ne pas rompre ouvertement et à faire croire qu'on est toujours présent tout en ne l'étant pas. Bref, assurer l'autre de son amitié et de sa présence tout en étant de moins en moins disponible et dire comme Montherlant : « Ma pensée est d'autant plus avec vous que vous vous rappelez moins à moi. » Chic, quoi.

3. L'AMI·E QUI VEUT NOUS PRENDRE EN MAIN

« Tu devrais reprendre le sport », « Les bébés, faut les laisser pleurer », « Moi, si c'était mon mec, je supporterais pas qu'il regarde les meufs comme ça ! »

POURQUOI ON CULPABILE :

Parce qu'il·elle a raison, la preuve, sa vie est super, alors que la mienne est moyenne, finalement, si je fais comme lui·elle, je vais finir par lui ressembler un peu. Et puis c'est sympa de sa part de me donner son avis, ça m'aide, je prends du recul…

CULPAFUCK !

Il existe des gens dont la vie n'est pas suffisamment occupée et qui n'ont de cesse de vouloir prendre la nôtre en main. J'ai eu une amie que mes retards angoissaient, à qui mon merdier faisait faire une dépression nerveuse et qui jugeait ma vie sentimentale pathétique. Un temps, j'ai pensé que son exigence me stimulait, qu'elle avait raison d'être ambitieuse pour moi et que je devrais prendre exemple sur elle qui était un monument de maîtrise. Évidemment, elle était irréprochable — « Mon job est passionnant, mon mec est brillant, mon appart est splendide » —, si bien que je n'osais même pas lui dire que ma vie à côté de la sienne me paraissait minable. En réalité, la fréquenter ne faisait que renforcer mes complexes, je ne me sentais jamais assez bien pour elle, du coup pas assez bien pour moi… J'ai arrêté de la fréquenter en prétendant avoir trouvé mieux qu'elle.

4. L'AMI·E QUI A DÉGÉNÉRÉ ET À QUI ON N'OSE PAS LE DIRE

« J'ai décidé de me nourrir uniquement de déchets alimentaires pour protester contre la surconsommation, pour ce soir j'ai trouvé des spaghettis et un peu de salade dans la poubelle du voisin, ça te va ? »

POURQUOI ON CULPABILE :

Parce que c'est beau et noble de défendre une cause dans un monde individualiste, parce qu'on ne veut pas le·la décourager avec notre esprit étroit, parce que, après tout, il·elle ne nous fait pas de mal personnellement…

CULPAFUCK !

Cet·te ami·e est une personne qu'on a connu·e en général à un stade inabouti de personnalité et qui a fini par trouver sa voie dans, au choix :
– Le militantisme politique farfelu — « Évidemment, qu'il faut voter Jacques Cheminade ! » —, ou même le militantisme politique d'opinions qu'on ne partage absolument pas.

– La défense d'une cause improbable : « Moi, je suis pour qu'on anesthésie les moules/les huîtres/les coquillages avant de les ouvrir, sinon c'est trop cruel. »

Ou, pire :

– Le trading de drogue à haute fréquence/l'élevage industriel de bovins empoisonnés/la vente de médicaments contrefaits sur Internet.

Bref, ami·e avec qui on n'a plus grand-chose en commun et avec qui il devient difficile de détourner la conversation pour éviter de parler des sujets relous.

Il est évidemment difficile de chasser cette personne de son entourage, notamment parce que, *a priori*, elle vous aime bien, vu que vous continuez à écouter ses délires.

Seule solution, aller la chercher sur son terrain, s'engueuler un bon coup et ne jamais la rappeler.

N. B. : Si l'ami·e en question fait habituellement des choses pénalement répréhensibles, prévoir une défense et une société de sécurité.

5. L'AMI·E QUI PENSE QU'ON EST SON AMI·E ALORS QU'EN FAIT NON

« Ah, ça me fait plaisir de te voir, alors, qu'est-ce que tu racontes depuis la dernière fois ? »

POURQUOI ON CULPABILE :

Parce qu'on ne connaît pas cette personne et que c'est moche. Après tout, elle s'intéresse à nous et nous sommes incapables de nous intéresser à elle… Et « c'est pas bien de ne pas s'intéresser aux autres », à tous les autres…

CULPAFUCK !

Je parle de cette personne avec qui on ne partage pas grand-chose, dont on ne connaît pas la vie, mais qui est invitée à toutes les fêtes depuis toujours sans qu'on sache pourquoi, ni qui l'a invitée en premier. Mais elle fait partie du lot et on n'ose plus ne pas l'inviter, bien que sa présence ne nous soit nullement indispensable.

Il faut prendre une décision : soit s'intéresser sincèrement à sa vie et commencer à comprendre pourquoi elle est tout le temps dans les parages, soit faire comme au démarrage : cesser de l'inviter sans que personne sache pourquoi.

6. L'AMI·E QU'ON TROUVE PLUS NUL·LE QUE NOUS, ET ÇA NOUS RASSURE

« Oh là là ! Qu'est-ce que c'est beau, chez toi, je pourrai jamais avoir une maison aussi belle. »

POURQUOI ON CULPABILE :

Parce qu'on se persuade d'être en train de faire une bonne action, tout en sachant pertinemment que c'est faux.

CULPAFUCK !

Je parle de cet·te ami·e qui galère gentiment et dont vous voyez l'envie et l'admiration dans les yeux chaque fois qu'il·elle met un pied chez vous. Je parle de cette personne qui dit du bien de vous sans arrêt et dont vous ne pouvez pas dire la même chose.

Honnêtement, c'est minable, il faut arrêter, vraiment. Le plus difficile sera sans doute d'annoncer la décision, notamment parce que, en général, l'ami·e « faire-valoir » est d'accord pour le rester car il·elle en tire un bénéfice secondaire comme « au moins, j'ai une place ». Sauf que c'est glauque, on est au-delà de l'ami·e choisi·e pour son utilité sociale. Neuf fois sur dix, l'ami·e « naze » est là essentiellement en raison de son manque de personnalité, ce qui est bien pratique mais moralement nul. Seule manière de se rattraper : aider l'ami·e en question à essayer de se prendre en charge. « Mais si, tu es capable de ranger chez toi, un peu… ça va te faire gagner deux pièces, quand même. » Si ça ne marche pas, allez-vous-en.

7. L'AMI·E QUE NOTRE VIE N'INTÉRESSE PAS DU TOUT

« Ta mère a un cancer ? Ah, pardon, j'avais oublié. »

POURQUOI ON CULPABILE :

Parce que, avec tous les soucis qu'il·elle a et tout ce qu'il·elle fait dans sa vie, c'est bien qu'il·elle puisse s'appuyer sur nous qui sommes un·e ami·e fidèle.

CULPAFUCK !

Comment qualifier cet individu aussi déconcertant qu'épisodique ?

Après concertation avec des ami·e·s proches, nous sommes tombé·e·s sur cette définition commune : personne très encombrée d'elle-même qui t'envoie quarante-cinq minutes de sa vie au téléphone et qui raccroche sans te demander de tes nouvelles.

Variante : ami·e « MMA » — personne qui te laisse démarrer la conversation et qui, à la première occasion, dit « Mais Moi Aussi » et se lance dans un long couplet sur ses ennuyeuses circonvolutions psychologiques. Personne qui ignore donc le sens des mots « écoute », « générosité », « empathie ». Je vous suggère ardemment de ne la refréquenter que lorsqu'elle aura levé le nez de son immense nombril. Synonyme : égocentrique.

8. L'AMI·E QUI N'APPELLE QUE QUAND IL·ELLE A BESOIN D'UN SERVICE/D'ARGENT

« Ton mari ça va ? Cool. Le mien, pas du tout, on aurait besoin d'un dépannage si tu vois ce que je veux dire, je te rembourse, évidemment. »

POURQUOI ON CULPABILE :

Elle sollicite notre aide et ça n'est pas bien de refuser son aide à qui que ce soit… (Smiley clin d'œil.)

CULPAFUCK !

Je parle ici d'une personne qui a une fâcheuse tendance à être absente quand nous avons besoin d'aide, mais qui sera immanquablement là en cas de succès, histoire d'en prendre une large part.

Personne que l'on conserve dans ses fréquentations en se disant : « Oh, ben elle ne fait pas de mal. » Si justement ! Elle pompe votre argent/votre attention sans jamais vous en rendre. Soit elle n'est pas consciente que vous avez des besoins, soit elle choisit froidement de les ignorer. Au mieux, c'est un·e égocentrique, au pire un·e psychopathe.

Les seules personnes autorisées — et encore pas toute la vie — à faire cela, ce sont les enfants : un enfant égocentrique, ça s'appelle un enfant. Les individus adultes sont supposés faire preuve de réciprocité, s'ils en sont incapables c'est qu'ils ne sont pas assez mûrs pour faire partie du monde des grands, il est donc urgent de les en écarter.

Synonyme : parasite, vampire, micheton·neuse, intrigant·e et autres raclures de bidet.

9. L'AMI·E QUI N'EST PAS DISPO

« Ouais, attends deux minutes, j'ai un double appel… »

POURQUOI ON CULPABILE :

Parce que « la pauvre, avec la vie qu'elle a, entre son boulot et le reste, si je la laisse tomber, elle aura plus de vie privée ! »

CULPAFUCK !

Surconnecté·e, débordé·e en permanence, le nez sur son portable, l'oreillette toujours vissée au tympan, l'ami·e pas dispo vous voit entre deux rendez-vous pour un déj' de trente minutes au fin fond de Levallois-Perret. « Ça t'ennuie pas, c'est au pied de mon bureau ? » Rendez-vous auquel il·elle est arrivé·e avec dix minutes de retard, sans excuses mais avec une explication : « On est en pleine bourre, on en peut plus c'est l'horreur, alors comment tu vas, toi ? » Votre réponse étant immédiatement interrompue par la sonnerie de son téléphone : « Ah, merde, oh non, je réponds pas… Ah si, il faut que je réponde !!! Tu m'excuses, hein. »

Gros avantage de ce type d'ami·e : la possibilité de passer un joli moment avec vous-même, et de laisser l'addition en partant, tandis qu'il·elle est toujours au téléphone. À part ça, vraiment, aucun intérêt.

10. L'AMI·E À QUI ON N'ARRIVE PAS À DIRE NON

« Je passerais bien te faire un petit coucou ! Ça tombe bien, je suis devant chez toi. »

POURQUOI ON CULPABILE :

Parce qu'il·elle a « moins de chance que moi », parce qu'il·elle est « gentil·le, quand même »…

CULPAFUCK !

Ami·e qui s'incruste tout le temps et partout, sans être invité·e, qui profite de votre frigo, votre piscine, votre salon, votre home cinéma, surtout quand vous y êtes.

Individu collant mais attachant, mais collant, mais gentil, mais collant, un peu profiteur, aussi.

La dernière fois, il s'est pointé à l'heure du déjeuner avec ses trois enfants et deux bières et a squatté la piscine jusqu'au dîner. Mais vous n'osez pas le chasser… « Le pauvre, il est divorcé, qu'est-ce qu'il va faire dans son appart' avec ses trois gosses au mois de juillet ? »

N'hésitez plus, dès que vous l'aurez chassé de votre vie, l'individu en question se trouvera aussitôt d'autres ami·e·s à squatter et ne vous en voudra même pas. Ceci est l'énorme avantage du pique-assiette : il ne vit que dans le moment présent.

« Tu es devant la porte avec une bouteille ? Ah non, désolée, je ne peux pas t'ouvrir, parce que je peux pas. Allez, santé ! »

« Tu picoles, tu danses sur le bar,
tu crois que tu es la fille
la plus cool du monde.
Mais en fait tu danses toute seule. »

Une réplique de Grey's Anatomy

3

CULPAFUCK… LE COOL

Dois-je regrammer le smoothie à la chlorophylle d'Alexa Chung et forcément aimer ça ?

POURQUOI ON CULPABILE :

Parce que Facebook, Snapchat et Instagram.
Parce que chacun a l'air d'être devenu l'attaché de presse de lui-même et que nous, non.

La vie était tellement plus sympa (attention, « sympa » n'est pas un mot cool pour dire « sympa » ; maintenant on dit « posey ». Exemple, on ne dit plus : « Le week-end était sympa » mais : « On s'est mis bien, posey » **#QuelleAngoisse**). La vie était donc plus sympa, disais-je, quand on n'était pas au courant que Sophie allait « bientôt finir la saison 4 de bla-bla-bla bla-bla sur Netflix trop cool je veux pas connaître la fin **#TropHate #Fate #Season5iscoming** » et autres hashtags à la con que je ne comprends de toute façon pas. On n'en peut plus, de ces gens qui ont le temps d'acheter des vêtements griffés mais dégriffés **#CestMargielaMaisChuuuut**, d'aller à des défilés de mode **#MaPoteSophieFontanel**, de voir des expos **#GrandPalais #Magique #LoveMyLife** et en plus d'avoir un avis sur tout ça **#ParPitiéLachezNousLaGrappe**.

En plus, avec le déroulement continu des statuts et des photos sur les réseaux sociaux, on a l'impression que tout le monde a tout vu, tout lu, tout su — « Laisse tomber, Louis Garrel c'est mort, il est avec Laetitia Casta » —… sauf nous.

P.-S. : Pour Louis Garrel, j'ai pleuré.

CULPAFUCK !

Je n'écoute pas la matinale de Radio Nova avec Édouard Baer, je suis sur Chante France à brailler « Résiste ! » pour me donner du courage. Vraiment, j'adorerais être cette femme qui écoute Nova aussi en journée, entend un morceau inconnu, le shazame puis note la référence pour aller le chercher sur SoundCloud « parce que SoundCloud, là t'as des vrais artistes » et se fait une playlist qu'elle diffuse quand ses potes viennent manger un avocado-toast chez elle, à la campagne — parce que la campagne, c'est le nouveau Montreuil.

À part ça,

- **je n'ai aucun style ;**
- **je n'ai pas Netflix ;**
- **je n'ai pas le temps d'aller au Champo voir des rétrospectives de Kurosawa ;**
- **j'ai des scrupules à publier mes photos de vacances ou de mes nouvelles chaussures parce que ça fait frimeuse ;**

- **je continue de dire : « Ben là je fais rien, je range des trucs, je glande à la maison » au lieu de : « Ouaiiiiis, on chille tranquille avec des potes » ;**
- **et je n'aime pas Orelsan non plus.**

Déjà, remettons les pendules à l'heure : il est normal que votre copine qui bosse dans l'édition ait lu l'essentiel de ce qui est en librairie en ce moment… Pareil pour votre copine qui bosse dans la mode avec les pompes (je ne dis pas « souliers ») et votre pote qui fait de la muscu avec les compléments alimentaires et les drogues autorisées #Hihi. Donc pas de panique, tout le monde n'est pas au taquet sur tout, sauf vous. Les gens « cool » et « uptodate » sont souvent des gens pour qui c'est une priorité… Voire qui sont payés pour ça, voire qui ont fait de leurs centres d'intérêt un métier #BloggueuseMuscu #YoutubeurTatouages, et vice versa.

Parce que modeler sa vie en « cool » c'est soit une vocation soit un boulot à plein-temps et, dans les deux cas, ça coûte de l'argent.

Après, vous pouvez toujours vous faire passer pour « cool » sans l'être réellement. En fait, pour paraître cool, il suffit (d'avoir l'air) d'assumer qui vous êtes :

DE CE FAIT, SI VOUS REVENDIQUEZ VOTRE MANQUE DE COOLITUDE COMME UN CHOIX DÉLIBÉRÉ, VOUS SURFEREZ ALORS AUTOMATIQUEMENT SUR LES CIMES DU COOL LE PLUS ASSUMÉ.

LE COOL
#VRAIESVALEURS
#DEEPPROVINCE

« Les vacances à Guéthary ou à Ibiza j'en peux plus, trop de gens, trop de frime, août, pour moi, c'est Châteauroux ou rien. »

LE COOL #NOLOOK
#DÉCROISSANCE

« Les changements de collection toutes les trois semaines, c'est d'un pathétique, complètement antiplanète ! Moi, j'ai des basiques que je recycle depuis cinq ans, je suis complètement planet positive, tu vois. »

LE COOL #FREEMIND
#JESUISUNHOMMELIBRE

« Nan mais Netflix quoi, la civilisation de la distraction permanente... pardon, mais moi, je préfère continuer à penser par moi-même. »

LE COOL
#LIBREARBITRE
#HORSSOL

« Je ne comprends vraiment pas pourquoi tout le monde court après un CDI. C'est la corde au cou, **#LeLoupEtLeChien #LaFontaine**, quoi. L'avenir, c'est la liberté. »

LE COOL #YOLO
#ONDORMIRAQUANDONSERAMORTS

« Mon week-end ? À 7 heures, j'enchaîne lecture de Joyce, méditation et brassage de ma bière, puis de 11 h 30 à 17 heures, je me pose chez Génie !, un espace de coworking dans le 11e tenu par deux sœurs chercheuses à l'EHESS et DJettes, puis après une expo et mon cours de scénar à la Fémis, je fonce en taxi-moto voir mon jules qui fait une performance à Beaubourg. Je dors que quatre heures par nuit, non c'est pas de l'insomnie, juste j'aime trop la vie ! »

#CONNASSE

En bref, être cool, c'est essentiellement « *paraître* cool ».

« Il faut s'éloigner
de l'homme colère pour un temps,
et de l'ennemi pour toujours. »

Fernando de Rojas

4

CULPAFUCK… LES COLÉRIQUES, CYCLOTHYMIQUES ET AUTRES ZINZINS QUI PRENNENT TROP DE PLACE ET PAS ASSEZ DE MÉDICAMENTS

Faut-il garder son calme avec les gens qui s'énervent vite ?

Un chapitre dédié à cette catégorie particulière de l'humanité que sont les gens qui dézinguent les autres à la moindre contrariété.

POURQUOI ON CULPABILE :

Parce que, « la pauvre, elle a pas eu une enfance facile ».
Parce que « sa colère le dévore, il a besoin de mon aide pour se calmer ».
Parce que, « faut comprendre, tu sais, avec son boulot, c'est beaucoup de stress ».
Parce que, globalement, nous sommes de bonnes personnes, toujours prêtes à trouver des excuses

aux gens que nous fréquentons, que nous soyons parent, ami·e, amoureux·se, collègue...

CULPAFUCK !

En fait non, il n'y a aucune raison d'accepter de se faire hurler dessus, quelles que soient les circonstances, dans un monde ordinaire.

Je veux bien vous concéder quelques exceptions :
- Pendant une tempête dans un sous-marin de l'armée russe, parce que vous avez débranché l'oxygène — et encore, à mon avis, il ne sert plus à rien de hurler, économisons notre souffle.
- Dans un zoo, parce que vous avez malencontreusement ouvert la cage du tigre — et encore, plutôt que de hurler, mieux vaut aller récupérer le tigre ou partir en courant.
- Dans l'espace, parce que vous avez volontairement décroché Thomas Pesquet qui vous énervait avec ses selfies sur fond de Lune — et encore, allez chercher Thomas Pesquet, si vous y tenez tant que ça.

Vous voyez, même dans un monde extraordinaire, il y a toujours mieux à faire que de hurler sur quelqu'un.

Personnellement, je vois les colériques comme des enfants incapables d'accepter la moindre frustration. Attention, je ne parle pas d'enfants pour créer chez vous un quelconque attendrissement ! Un enfant dans un corps d'enfant, c'est mignon, un enfant dans un corps d'adulte, c'est un dictateur.

Pour ma part, après de nombreuses années passées à vouloir apaiser des colériques malgré eux — avec une certaine compétence je dois dire, mais au prix d'une énergie que j'aurais dû consacrer à autre chose —, j'ai pris le cap inverse : non seulement je ne console pas, mais je pars.

Un collègue se met à hurler au téléphone ? Je raccroche. « Je suis désolée, mon téléphone ne supporte pas les hurlements. »

Mon conjoint pique une crise ? Je sors de la pièce et je refuse de lui parler tant qu'il n'est pas calmé.

Ma mère m'insulte parce que je lui ai tenu tête, je la sors de chez moi.

Et ça marche !! D'un coup, « la pauvre, elle ne peut pas se contrôler », trouve le moyen de se calmer toute seule… si c'est pas un miracle…

Tant qu'un·e colérique ne touche pas la limite, il·elle ne s'en impose pas, pourquoi le ferait-il·elle puisque tout le monde est si compréhensif ?

Je reste persuadée que les colériques continuent à l'être parce que ça marche : non seulement ils·elles se défoulent, mais en plus tout le monde marche au pas, par peur de subir leurs colères…

Oui, il n'est pas simple de cesser d'avoir peur de ces gens, mais si vous les voyez tels qu'ils sont, à savoir de sales petit·e·s morveux·ses, ça ira beaucoup mieux.

« J'aime le travail, il me fascine,
je peux rester des heures
à le regarder. »

Jerome K. Jerome

5

CULPAFUCK… LE BOULOT

Le syndrome de l'imposteur ?

POURQUOI ON CULPABILE :

Parce que « y a tellement de gens qui n'ont pas de boulot, je suis déjà chanceux·se d'en avoir un ».
Parce qu'« on compte sur moi, si je ne bosse pas bien, la boîte fera pas le chiffre, et des gens se feront virer ».
Parce que « je ne supporte pas de ne pas être félicitée pour mon travail, donc si on ne me félicite pas, c'est que je ne le fais pas bien ».
Parce que « j'ai toujours eu les meilleures notes, il n'y a pas de raison que je ne sois pas le·la meilleur·e ici aussi ».

Et puis on culpabile parce que l'organisation dans laquelle nous travaillons – entreprise, association, bureau de poste – nous fixe formellement des objectifs – ce qui n'est pas cool et que nous avons envie de les atteindre…

Que ce soit pour gagner plus d'argent, du pouvoir, ou même simplement une tape dans le dos.

CULPAFUCK !

Point « Je ne mérite pas ce job et un jour tout le monde va s'en rendre compte »

Sérieusement ? Vous êtes tellement malin·gne que vous avez réussi à faire croire que vous étiez compétent·e alors qu'il n'en est rien ? Bon, ben, au moins, vous êtes supérieurement intelligent·e, félicitez-vous-en !

On en parle, de ce joli syndrome de l'imposteur ? Et du fait que vous prenez légèrement votre patron·ne pour un·e imbécile — il·elle n'a pas vu à quel point vous êtes nul·le...

Bonne nouvelle : l'inquiétude d'être un·e imposteur·e concerne en général les gens motivés, sérieux et intelligents. Sauf si vous êtes vraiment un·e imposteur·e.

Voici un test pour savoir si vous en êtes un·e :

- vous avez menti sur votre nom / votre CV ;
- vous vous êtes approprié l'identité et/ou le CV de quelqu'un d'autre ;
- vous volez le travail des autres et dites « C'est moi qui l'ai fait », telle Valérie Lemercier dans une pub pour un gâteau surgelé dans les années 1980 — si vous êtes trop jeune pour saisir cette référence, veuillez vous reporter à Internet, merci.

Si vous avez répondu « non » à ces trois questions, félicitations, vous n'êtes pas un·e imposteur·e, vous pouvez donc reprendre votre travail en toute sérénité.

Point « Je ne suis pas assez performant·e, je vais finir par me faire virer » (Aussi appelé point « Je veux plaire à mon·ma chef·fe », ou encore point « Je suis un·e bon·ne élève »)

Personnellement, avoir un·e chef·fe me traumatise : je déteste ça. Avoir un·e chef·fe modifie considérablement ma personnalité. Dans le privé, je me targue d'être globalement adulte, mais dès qu'on me colle quelqu'un au-dessus de la tête, je redeviens une enfant de 8 ans. Je ne cherche qu'une chose : lui faire plaisir et être félicitée. Si on pouvait me donner une image avec un bon point à la fin de la journée, je serais la plus heureuse des ~~enfants~~ femmes. J'en fais des caisses, je suis la plus efficace des efficaces, je soulève des montagnes et, en général, tout le monde se met à me détester, chef·fe compris·e.

Oui, parce que, la clé du monde du travail — du moins en France —, je l'ai appris à mes dépens, ce n'est pas l'efficacité. Spoiler alert : c'est la relation.

À vrai dire, je n'arrive pas à savoir si c'est scandaleux ou très très bien, mais c'est ce que j'ai dû finir par accepter...

Et je précise que c'est le cas dans tous les milieux professionnels que j'ai fréquentés.

En bref, si vous êtes super sympa, personne ne verra à quel point vous êtes nul·le, et si jamais on s'en aperçoit, tout le monde dira : « Ouais, mais il·elle est tellement sympa. »

Ne culpabilisez pas de ne pas suffisamment bien faire le boulot, parce que ce N'EST PAS ce qu'on attend de vous. Un contrat de travail honnête devrait dire ce qu'on attend réellement de nous.

Art. 1 : Soyez poli, dites bonjour avec le sourire en arrivant le matin.
Art. 2 : Arrivez le matin, pas trop tard, pas trop tôt non plus sinon c'est agaçant pour ceux qui arrivent pas trop tard et vous vous ferez des ennemis.
Art. 3 : Ne vous faites pas d'ennemis, ne vous faites pas d'amis non plus, mais soyez sympa quand même.
Art. 4 : Faites ce qu'on vous demande sans trop vous poser de questions, et surtout sans trop nous poser de questions. Comme dans 99 % des entreprises, ici on n'aime pas bien les questions.
Art. 5 : Soyez toujours enjoué·e, même si vous n'êtes pas content·e. Quoi qu'il arrive.

♦♦♦

Au-delà de la culpabilité que l'on s'impose à soi-même, l'entourage professionnel est également un excellent générateur de sentiment de culpabilité bien dosée.

TOP 10

des phrases culpabilisantes au boulot

❶ Tu prends ton après-midi ?

« *Je pars chercher ton cerveau, il est jamais rentré de déjeuner.*

❷ Tu pars encore en vacances ?

« *Non, je te fuis, c'est pas pareil.*

❸ T'es encore enceinte ?

« *Oui, je fabrique de nouveaux humains pour te remplacer.*

❹ Tu réalises tout ce que la boîte a investi sur toi ?

« *Tu réalises à quel point vous êtes encore loin du compte ?*

❺ Tu ne peux pas nous faire ça ?!

« *Si si, je peux complètement, regarde bien, hop je le fais.*

❻ Moi, les réponses, je les connais, c'est à toi de les trouver.

« *Ça t'ennuie si je les cherche au fond de ton c*** ?*

❼ TOUT LE MONDE a des problèmes avec toi.

« *Ça, c'est ce que disent les gens qui ont des problèmes avec tout le monde.*

❽ PLUS PERSONNE ne veut travailler avec toi.

« *Ça c'est ce que disent les gens qui ne peuvent travailler avec personne.*

❾ Comment oses-tu demander une augmentation ???

« *Écoute, c'est tout bête : je la mérite.*

❿ J'espère que tu ne comptes pas demander un 4/5e ?

« *Puisque tu en parles, OK, j'accepte !*

« C'est la vie qui est la performance,
l'art est ce qui survit à la vie. »

John Updike

6

CULPAFUCK… LA PERFORMANCE

Éloge de la paresse, de la glande et de l'ennui

POURQUOI ON CULPABILE :

Parce que « Reste pas là à ne rien faire, arrête de traîner, occupe-toi, fais quelque chose d'intelligent » — phrase préférée de mes parents entre mes 5 ans et mes 14 ans.

Du coup, à 14 ans, je gardais des enfants deux heures par jour après les cours, je faisais du théâtre, de la vidéo, j'allais à la danse et je « rendais service à la maison ». Par la suite, j'ai cumulé un nombre incalculable de petits jobs en plus de mes études : pendant trois ans, j'ai été maîtresse d'internat la nuit, étudiante en droit le jour, prof d'anglais et d'espagnol pour des collégiens, prof de français pour un Japonais et bibliothécaire dans une fac de psychologie… Puis j'ai « commencé à travailler » à plein-temps tout en cogérant une école de musique, en faisant du théâtre et en étant bénévole en soins palliatifs.

En ce moment, j'élève trois enfants une semaine sur deux, j'écris ce livre, je répète mon nouveau spectacle, je prépare une Web-série (un format court, je vous rassure), je mets en scène un autre humoriste, je suis en tournée avec mon ancien spectacle, chaque activité pouvant à elle seule m'occuper à plein-temps… Je me trouve paresseuse. Et je suis sûre que, si vous lisez ce chapitre, vous aussi vous vous trouvez feignasse.

CULPAFUCK !

Oh, la joie de n'avoir rien de programmé dans sa journée !!

Oh, le bonheur du « rien ni personne » !

Oh, le plaisir de rester en pyjama sans se laver, à aller de vidéo en Instagram en Facebook en vidéo et éventuellement prendre un livre, si c'est pas trop fatigant…

Quand je tente une grasse matinée le week-end, mes enfants me le reprochent. Ce à quoi je réponds : « Vous êtes bien contents de regarder des vidéos de Lama fâché (terrifiante chaîne YouTube à base de “les 10 personnes les plus laides de la planète”) et de bouffer des Fingers pendant que je ne vous surveille pas. »

Ça va bien, oui ?!

Au cas où vous en douteriez : le sommeil est bon pour la santé, le repos physique et mental est indispensable pour éviter de devenir taré·e, l'ennui est bon pour la créativité, les vacances permettent de prendre du recul.

Tout ça pour quoi ? Pour conserver de la joie de vivre.

Parlons des vacances…

Autant je passe l'année à courir entre mes différentes et passionnantes activités — assurer un rendez-vous d'orthophoniste entre une répétition, un entraînement sportif et un rendez-vous avec une chaîne de télé —, autant j'ai décidé de m'accorder trois semaines de « vraies vacances » par an.

« Vraies vacances = sans enfants »

Vous, je ne sais pas, mais moi je considère que, en tant que mère solo, les vacances avec trois enfants ne sont pas des vacances. J'adore passer du temps avec mes héritiers mais, tant que je dois faire la cuisine, le rangement, les lessives et être l'équivalent d'une animatrice de centre de loisirs, je ne suis pas précisément « en vacances ».

C'est la raison pour laquelle je m'accorde chaque année en janvier un « Mommy Break » : trois semaines à glander avec moi-même, si possible à l'autre bout du monde.

Quitte à me sentir coupable, j'ai poussé le bouchon le plus loin possible. Pourquoi ne s'accorder qu'un week-end entre copines quand on peut partir trois semaines ? Après tout, la culpabilité de laisser les enfants dure quarante-huit heures dans les deux cas.

« Oui, mais tu pourrais prendre du temps pour toi pendant l'année. »
Oui, alors pardon, mais moi, le truc qui consiste à prendre du « temps pour soi » entre 5 et 7 le matin — donc à rogner sur son sommeil #MiracleMorning —, je considère que c'est une perversion totale pour dingo de l'efficacité.

Quant à caler deux heures en semaine pour glander, pardon mais je n'ai même pas le temps de déculpabiliser qu'il faut déjà que je m'y remette.

À contraintes majeures, glande majeure : trois semaines ou rien.

Après tout, 21 jours sur 365 pour se reposer réellement, est-ce vraiment volé ? Ça ne fait jamais que 504 heures sur l'année, qui en compte 8 760.

Soit moins de 6 % de l'année pour oublier notre rôle professionnel, social et familial et passer du temps à n'être que nous-mêmes… Vu comme ça, ça détend.

Vous le prenez quand, ce billet ?

TOP 10

de phrases culpabilisantes de maboules de la performance et reparties de glandeuses en progrès

❶ Je me lève une heure avant les enfants, ça me donne plein de temps pour moi.

❝ *Moi, la seule fois où j'ai fait ça, je comatais beaucoup trop pour m'en souvenir.*

❷ Non mais, moi, j'ai besoin que de quatre heures par nuit, de toute façon.

❝ *On est d'accord que tu as converti ton insomnie en activité et pas l'inverse ?*

❸ Tu sais, tout ça, c'est une question de priorités et d'organisation.

❝ *C'est surtout une question de payer des gens pour faire les trucs à ta place, non ?*

❹ Tu planifies pas tes menus, toi ?

❝ *Je planifie mon sommeil, c'est déjà énorme.*

❺ J'arrive à 7 heures au boulot, comme ça je peux bosser tant qu'il n'y a personne.

❝ *C'est quoi, ce boulot où tu ne peux pas bosser quand tes collègues sont là ?*

❻ Ce qui est bien avec Internet, c'est que tu peux bosser de partout.

❝ *Ce qui est bien avec Internet, c'est que ça se débranche.*

❼ Quand je voyage, je planifie tout à l'avance, les visites, les déplacements, sinon j'arrive pas à tout faire.

❝ *Moi aussi je planifie tout en voyage, les siestes, les bouquins… sinon j'arrive pas à tout faire.*

❽ Moi, je profite des vacances pour faire beaucoup de sport.

❝ *Moi, je profite des vacances pour faire beaucoup de rien.*

❾ Non, mais, en vacances, tu allumes ton ordi deux heures par jour pour bosser, ce n'est rien.

❝ *Ah, et du coup ça veut dire que tu éteins ton ordi au boulot deux heures par jour, c'est ça ?*

❿ De toute façon, quand je prends des vacances, moi, je m'ennuie.

❝ *Ah, parce que s'ennuyer, c'est une maladie ?*

En conclusion, si vous avez lu ce chapitre et que vous êtes quelqu'un qui recherche la performance, vous pouvez, vous devez, même, vous accorder de devenir performant dans la glande. Premier objectif, passez une minute à ne rien faire, mais rien, vraiment rien. Juste respirer. Vous hyperventilez ? Vous faites des plaques ? Vous transpirez ? Demandez à l'humain le plus proche de vous physiquement de vous coller un coup sur la tête, puis endormez-vous.

« Tu veux mon zizi ? »

Francky Vincent

7

CULPAFUCK… LE SEXE

Pourquoi le sexe, c'est mal ?

POURQUOI ON CULPABILISE :

Parce que, depuis tout petit, on sent bien que le sexe, c'est chelou. Intéressant, mais vu la tête de nos parents quand on en parle, on devine que ça doit être un truc chelou #PapaCommentOnFait-LesBébés ?
Et, de fait, on « enseigne » le sexe aux enfants comme un truc mécanique qui sert à la reproduction. Et nous on se précipite sur Internet pour vérifier comment ça se passe vraiment. Donc, entre scène d'accouchement avec ouverture de vagin en gros plan (beeeuuuurk) et saucisse de Morteau sur son lit de grenache en furie, nos premiers contacts avec le sexe « en image » sont inscrits dans un culpabilisant mélange d'excitation et de dégoût.

Or, tous, nous avons un rapport au sexe qui est également sensuel et plaisant à l'origine. La masturbation commence très jeune – que celui ou celle qui n'a jamais chopé son gosse de 3 ans se faisant un petit plaisir solitaire dans le salon au milieu des invités me jette le premier sextoy – il est d'ailleurs fort probable que vous l'ayez fait aussi. Dans cette situation, un parent équilibré dira : « Mon·ma chéri·e, ce que tu fais n'est pas mal, mais tu dois le faire quand tu es seul·e, dans ta chambre, par exemple. » Un parent un peu moins équilibré dira, lui : « Ouuuh, vilain·e. C'est méchant, faut pas faire ça, pas bien » – qui vaut un bon 5 sur une échelle de culpabilisation qui va de 1 à une photo d'enfant maigre et nu avec des mouches sur les yeux. Un parent maboule dira quant à lui : « Si tu touches encore ton zizi, il va tomber » – qui vaut un bon 50 sur l'échelle de la culpabilité et quinze ans de thérapie.

CULPAFUCK !

Le sexe, c'est chouette. Mais vraiment. Chouette comme un jeu, joyeux, léger, agréable, sensuel, spirituel, épanouissant, défoulant, excellent pour les relations humaines… Bref, le sexe, c'est un *space cake* bon pour la santé.

Malheureusement, pour beaucoup il s'assortit d'un culpa-topping, qui vient en gâcher considérablement le goût…

Autre occasion de se sentir coupable de découvrir le sexe : surprendre papa dans maman, maman dans papa, maman dans maman, papa dans papa, bref, des parents tout nus qui font des trucs chelous en poussant des cris bizarres et des mots qui finissent par « -cule ». Panique à bord, traumatisme général… Et mélange d'intérêt excité et de culpabilité de s'être un peu trop approché de la porte.

Si cela vous est arrivé, en tant que parent ou en tant qu'enfant, voire les deux, voici la phrase *ad hoc* :

« Écoute, mon·ma chéri·e, je comprends que tu aies trouvé ça bizarre, c'est normal que ça t'intéresse, mais c'est inapproprié que tu sois exposé·e à ma sexualité. Oublie tout ça bien vite.

— Mais maman, j'y arrive pas, j'ai tout vu.

— Bon, mon cœur, tu n'as qu'à te repasser la scène comme dans un film en imaginant une chanson de Patrick Sébastien dessus.

Point « En famille, on ne parle pas de sexe »

Formidable. Mais comme il n'est *a priori* pas question de présenter aux enfants des gens compétents et adultes pour en parler, que fait-on ?

On laisse Walt Disney puis la cour de récré puis les grands frères et grandes sœurs puis Internet puis les premiers amants/amantes faire le boulot ? Pour créer des générations de gens mal informés, bourrés de stéréotypes sur le désir, le plaisir, le corps et ses multiples possibilités ? Ne rêvez pas, ce n'est pas parce que vous n'en parlez pas qu'il ne se passe rien. Hélas. (Personnellement, je ne vous cache pas que j'avais décidé de priver mes enfants de tout rapport avec la

sexualité jusqu'à leurs 26 ans, malheureusement ils·elles m'ont désobéi.)

Point « #MeToo »

Il arrive — beaucoup trop fréquemment, hélas — que certains·e·s d'entre nous soient victimes d'abus et d'agressions de nature sexuelle, plus ou moins poussés, plus ou moins durables. Quels que soient les actes perpétrés, une dominante reste la culpabilité. Celle d'avoir été surpris·e, sidéré·e dans un premier temps, de ne pas avoir dit non, d'avoir dit non mais pas assez fort, de n'avoir pas dénoncé, d'avoir dénoncé mais pas assez fort, pas assez vite, que le corps ait donné des signes de coopération — lubrification, érection, orgasme — ce ne sont pas des signes de coopération mais de défense, des réactions physiologiques pour atténuer la douleur comme la souffrance — bon, personnellement, j'aurais plutôt choisi « la pousse d'épines dans le vagin » ou « l'émission d'acide chlorhydrique » mais il semblerait que nos corps soient plus infirmiers que flics.

Bref, une bonne part du traumatisme vient de ce que la victime — mot très difficile à accepter pour soi-même — se sent souvent plus coupable que le·a coupable réel·le.

Culpafuck : la culpabilité n'est pas chez vous. On n'est jamais coupable, ni même responsable d'une agression, d'un viol ou d'un abus sexuel qu'on a subi. Même si on « était en jupe » (*sic*), même si on « était OK au début », même si il·elle « n'était pas méchant·e », « ne voulait pas faire de mal », « est malade », « ne s'est pas rendu compte », même si « on avait bu tous les deux », « c'est juste un geste malheureux ».

Jamais.

Culpafuck, OK ?

TOP 10

des clichés culpabilisants sur le sexe

❶ Il ne faut coucher que si on aime vraiment

❝ *Attention, ne pas confondre « être amoureux » et « désirer sexuellement quelqu'un ». Confondre les deux, c'est comme confondre les spaghettis et la sauce tomate.*

Imaginons que les spaghettis représentent le fait d'être amoureux et la sauce tomate le désir sexuel qu'on a pour quelqu'un.

Je suis très forte en métaphores culinaires, vous allez voir. Personnellement, j'adore les spaghettis, et j'adore la sauce tomate. Il m'arrive de les mélanger, mais il m'arrive aussi de déguster l'un sans l'autre, même si je considère que l'un avec l'autre, c'est la meilleure recette au monde.

Il m'arrive donc de manger la sauce tomate avec les doigts pendant qu'elle cuit — faites gaffe, ça brûle un peu quand même —, de la saucer avec du pain, voire de la mettre sur des galettes de polenta grillées — un délice.

Par ailleurs, chaque individu a sa propre recette de sauce tomate : personnellement, j'y mets beaucoup d'ail et d'oignons (parce que c'est délicieux ET *bourré d'antibiotiques naturels), mais aussi du céleri et du vinaigre balsamique. D'autres pratiquent la sauce tomate brute, ou encore la prennent en pots industriels. Soit. Bref, on n'est pas obligés de mélanger sa sauce tomate avec des spaghettis pour être autorisés à en manger. En revanche, il faut bien respecter le consentement de la cuisinière, ou du cuisinier. Merci.*

❷ Coucher avec tout le monde, ça n'a aucune importance

❝ *Disons que, dans la mesure où il s'agit de votre sauce tomate et de vos ingrédients, si, ça a de l'importance. Je veux dire que, si vous mélangez votre sauce tomate avec, je ne sais pas, moi, un bol de pesticides, bon bah, forcément, ça va avoir moins bon goût, voire ça va être mauvais pour la santé… Vous me suivez ?*

Votre sauce tomate est précieuse, on n'épluche pas son oignon devant n'importe qui, pas parce que c'est mal, juste parce qu'on a de la considération pour son oignon. Par exemple, c'est mieux de montrer ses tomates à quelqu'un qui les apprécie, qui les valorise, qui dit : « Ooh… j'adore tes tomates. » C'est plus clair comme ça ?

Voilà, donc on ne fait pas goûter ses ingrédients à la terre entière juste parce que c'est cool. On fait goûter aux gens qui ont eux-mêmes une sauce tomate appétissante, des ingrédients qu'on a soi-même envie de goûter, et on s'assure que nos ingrédients vont être traités avec toute la gourmandise — et pas la goinfrerie — qui leur est due.

❸ On ne parle pas de sexe, on le fait

❝ Il est parfois beaucoup plus rigolo de parler de sexe que de le faire, voire de parler et de le faire, voire de parler en le faisant…

Pour reprendre ma métaphore cul-inaire : comment voulez-vous que l'autre déguste votre sauce tomate si vous ne lui donnez pas des indices sur comment faire ? Je ne vois pas l'intérêt de laisser l'autre attaquer les morceaux à la fourchette dans une assiette plate si c'est une cuillère à soupe et un bol que vous recommandez pour déguster votre sauce tomate. Dites-le, que votre céleri se déguste avec plus ou moins de vigueur, que vos tomates cerises, avec une touche de balsamique, c'est mieux. Et demandez donc à l'autre comment aborder sa sauce gribiche.

❹ Essayer un maximum de positions, c'est cool

❝ C'est cool si on en a envie.

C'est une partie de jambes en l'air, pas un championnat de GRS.

Et on n'est pas moins une personne cool si on a moyennement envie de goûter à certaines choses. Ce qui est cool, c'est de partager un chouette moment ensemble, que ce soit un repas ou une sieste animée. L'envie, le désir, l'appétit, ça se respecte, mais ça ne s'impose pas. Quand vous invitez quelqu'un à dîner chez vous, vous le·la forcez à manger ce que vous avez préparé ? Non. Et pourtant la soirée se passe bien ? Oui. Le sexe, c'est pareil, on ne force pas qui que ce soit à quoi que ce soit, et on ne se force pas non plus.

5 La brouette javanaise, c'est sale

❝ *Aucune pratique n'est « sale » au sens propre (ha ha) comme au figuré, du moment qu'elle reflète les désirs et le consentement de chacun des partenaires. Si votre fantasme est de vous faire recouvrir les organes de pistils de fleur en bouton agrémentés de sauce carbonara et que vous avez une bonne housse de matelas et un·e partenaire que ça amuse également, allez-y. Et fermez la porte à clé, parce que ça risque d'être compliqué à expliquer aux enfants.*

6 Il ne faut pas parler de sexe avec ses enfants

❝ *Alors, oui, je vous confirme qu'il n'est pas question de parler de votre sexualité avec vos enfants. « Tu vois, ma chérie, maman adoooore la sauce tomate. » Non. En revanche, je ne comprends pas pourquoi on devrait expliquer aux enfants ce que sont la guerre, la violence, la pédocriminalité, mais éviter de leur parler d'une source potentielle de joie dans leur vie. Non, ce n'est pas facile, mais parler du sexe aux enfants, avec un discours adapté à leur âge, au besoin à l'aide d'un bon bouquin sur le sujet (il en existe des rayons entiers), est une œuvre que je considère utile pour l'humanité tout entière, ne serait-ce que pour une raison : la conscience du consentement, le sien et celui des autres.*

7 Les gens qui aiment le sexe, c'est louche

❝ *Ooooh, un jugement... Il est mignon, ce jugement, et d'où sort-il ? Probablement du cerveau d'un individu qui n'a pas encore découvert la sauce tomate.*

Point « sexualité compulsive »

Les gens qui font de la sauce tomate à longueur de journée au lieu de travailler et/ou de faire quelque chose de leur vie ont peut-être des questions à se poser, mais tant qu'ils n'en mettent pas partout, il n'y a pas à les juger.

Point « harcèlement »

Si vous connaissez une personne qui a la sauce tomate envahissante, dites-le-lui. Si elle a de l'éthique, elle sera désolée et arrêtera de vous embêter. Si elle vous répond « Oh, ça va, c'est pour rigoler, on peut plus rigoler ?! », barrez-vous, vite. #PerversEnVue.

♦ ♦ ♦

À part ça, faire de la sauce tomate régulièrement et adorer ça me paraît absolument sain.

❽ Les gens qui n'aiment pas le sexe, c'est louche

« Dites, on a bien le droit de préférer la glace vanille ou le gratin de macaronis aux spaghettis bolognaise, non ? Pardon, mais si on n'a aucune espèce d'envie de concocter de la sauce tomate et une envie de mettre son énergie dans la capoeira, le saut à l'élastique ou la confection de chaussettes avec des doigts de pied, au nom de quoi faudrait-il s'obliger ?

« Tu n'as pas fait l'amour depuis trois mois/trois ans/ trois décennies, t'es dingue ?!
— Toi, tu as arrêté de réfléchir depuis un moment, c'est plus grave et t'en es pas mort, visiblement. »

❾ Le sexe ne se pratique qu'en couple

❝ *On peut cuisiner de la sauce tomate à un, deux, ou plusieurs. Du moment que tout le monde est tombé d'accord sur la recette.*
N. B. : Contrairement à ce qui se passe dans l'Administration, le silence ne vaut pas consentement, merci. Si des gens s'enjaillent tout nus à côté de vous et que ça ne vous évoque rien, vous pouvez partir. Ça ne fait pas de vous un·e horrible rabat-joie mais juste un·e adulte qui a la libre disposition de son corps.
A contrario, *si vous êtes un couple qui a bien envie d'emballer la dame et le monsieur du couple assis en face de vous, merci de leur demander explicitement leur avis* AVANT *de les déshabiller. Si vous le faites après, la conversation qui va suivre sera réellement gênante, voire pénale.*

❿ Il faut faire du sexe deux fois par semaine, pas plus, pas moins

❝ *Tout le monde ment, personne ne dit réellement combien de fois il fait de la sauce tomate par semaine. Parfois, des gens cuisinent de la sauce tomate frénétiquement une ou plusieurs fois par jour, puis plus du tout pendant des mois, et/ou font chambre à part et fabriquent de la sauce tomate à la première absence des enfants, et/ou ne touchent plus leur partenaire régulier·ère mais cuisinent avec des tas d'autres gens… Alors, la norme en matière de sexe…*

CULPAFUCK !

« Tels sont les yeux,
tel est le corps. »

Hippocrate

8

CULPAFUCK… LE CORPS

Ai-je besoin d'avoir un corps de rêve ?

POURQUOI ON CULPABILE :

Parce que, avec notre goût pour le paraître, on — « on » étant la société, notre culture… — a résumé le corps à une apparence, qui serait le symbole de qui nous sommes à l'intérieur. Résultat : il doit être irréprochable…

Avoir fait de notre corps la représentation de notre intériorité explique par exemple le phénomène de la « grossophobie », à savoir le fait de catégoriser les personnes « rondes » comme feignantes/peu dynamiques ou autres adjectifs peu flatteurs.

Notre corps est devenu pour les autres comme pour nous-mêmes un objet de performance esthétique… Et, dès lors que cette performance n'est pas au rendez-vous (selon les critères de qui ???), nous culpabilisons.

CULPAFUCK !

Ce qui est formidable avec les discours sur le corps, c'est que l'on entend tout et son contraire, et tout est à niveau égal d'importance.

Si je devais résumer : « Aimez votre corps comme il est, même si vous le trouvez moche, mais ne le dites pas, ça fait frime, mais soyez fier·ère malgré tout, mais pas trop parce que vous allez quand même pas manger tout ça ?! !! »

Personnellement, j'oscille donc entre : « Mon corps sait ce dont il a besoin, il suffit de manger de tout en quantité raisonnable, et tout ira bien » d'octobre à mai et : « J'en peux plus de ce gras sur le ventre/ce muscle mou/cette cellulite qui ne sert à rien » dès le mois de juin.

Oui, il y a clairement des moments où la cohabitation avec mon enveloppe corporelle tient plus de la colocation distante que de l'histoire d'amour. Ça n'est pourtant pas faute d'avoir des conversations poussées avec certains de mes muscles, notamment postérieurs, à base de : « Franchement, soyez cool, je viens de faire vingt squats, vous voudriez pas remonter tous les deux de 5 centimètres ? »

La culture de la perfection physique est inepte puisqu'un corps n'est pas *a priori* créé pour son esthétique mais pour sa praticité.

Si le corps avait été créé pour être harmonieux physiquement, il aurait la forme d'un œuf. Joli mais pas pratique.

A contrario, un corps pratique, c'est probablement un corps qui est en bonne santé : c'est-à-dire nourri avec des choses qui lui apportent une énergie qu'il va pouvoir consommer, au lieu de la stocker bêtement.

Point « stockage »

Il y a une injustice constitutive, qui tient au métabolisme de chacun·e : les métabolismes dits « lents » font des réserves de gras au moindre regard sur un pain au chocolat, les métabolismes dits « rapides » font perdre des kilos aux gens, la nuit, pendant qu'ils dorment. Alors avant de vous comparer au voisin, à votre sœur ou votre collègue, parlez métabolisme et actionnez le détecteur de mensonges — oui, parce que, se faire vomir après les repas, ce N'EST PAS avoir un métabolisme rapide, c'est une maladie.

♦♦♦

Un corps pratique, c'est aussi un corps entretenu pour nous permettre de bouger quand on le souhaite : donc un corps qu'on fait fonctionner autrement qu'en s'asseyant toute la journée.

Un corps pratique, c'est aussi un corps qui vieillit le plus doucement possible : donc un corps qu'on étire tout ce qu'on peut pour éviter de finir mou et recroquevillé.

Pour une raison que je m'explique mal, les gens ADORENT faire des commentaires sur l'apparence de leurs semblables… Personnellement, je me console en pensant que les gens ne font de remarques que sur ce qui les préoccupe le plus eux-mêmes, autrement dit, « on ne parle jamais que de soi ».

TOP 10

des phrases culpabilisantes sur le corps et les reparties qui vont avec

❶ Dis donc, tu aurais pas un peu grossi ?

« *Ah non, mais toi, par contre…*

❷ Tu devrais te remplumer un petit peu, ça t'irait mieux.

« *Oui, alors que toi, un petit bourrelet en moins, ça serait pas du luxe.*

❸ Je comprends pas qu'on se laisse aller, ça me dégoûte.

« *Tu dis ça parce que tu as pris ?*

❹ Cache tes cuisses, c'est pas joli.

« *Ferme ta bouche, c'est pas intéressant.*

❺ À ta place, je n'oserais jamais porter un truc pareil.

« *Tu as bien raison, ça ne t'irait pas du tout.*

❻ Il existe des produits très bien pour réduire la cellulite, tu sais ?

« *Tu revends les tiens ? Ça a pas marché sur toi, c'est ça ?*

❼ Tu as encore maigri, c'est pas très beau.

❝ *À vrai dire, j'essaye de disparaître de ta vue pour que tu me laisses tranquille.*

❽ Quand on n'a pas la chance d'avoir un beau décolleté, faut pas mettre ça.

❝ *Quand on n'a pas la chance d'être un peu futé·e, faut pas parler.*

❾ C'est pas compliqué d'entretenir son corps, une alimentation plus saine, un peu de sport, et tu serais bien mieux.

❝ *Et sinon, c'est compliqué de te mêler de ce qui te regarde ?*

❿ T'étais bien plus attirante avant.

❝ *Moi, au moins, j'ai été quelque chose.*

◇◇◇◇◇◇◇◇◇◇◇◇◇

« Former un couple,
c'est n'être qu'un, mais lequel ? »

Proverbe anglais

9

CULPAFUCK… LE COUPLE

Faut-il vraiment vouloir le bonheur de l'autre ?

POURQUOI ON CULPABILE :

Parce qu'« il·elle est tellement formidable, je n'en trouverai jamais un·e autre pareil·le ».
Parce que « mes parents sont restés ensemble pendant quarante-cinq ans, je ne peux pas faire moins bien ».
Parce que « mes parents ont divorcé quand j'avais 8 ans, je dois absolument faire mieux ».
Parce qu'« il·elle a eu une mère horrible/un père épouvantable/une enfance difficile/un chat diabétique… Et que, avec tout mon amour, je peux le·la rendre heureux·se malgré tout ».

Bref, on culpabile pour tout un tas de raisons liées à nos croyances sur l'amour (« l'amour, c'est pour toujours »), le couple (« on ne divorce pas »), nous-mêmes (« je ne mérite pas d'être aimé·e alors je me bats pour prouver que je suis formidable » ou encore « plutôt mal accompagné·e que seul·e »).

Croyances qui font que, si notre histoire d'amour ne dure pas, c'est forcément parce qu'on est un·e gros·se nul·le.

CULPAFUCK !

Honnêtement, non.

Vous n'êtes pas nul·le si l'autre n'est pas heureux·se avec vous. Le bonheur de l'autre, vous pouvez le souhaiter, l'encourager, le faciliter éventuellement, oui. Le vouloir, non.

Et ce, pour une raison agaçante : l'autre est en vie et adulte. Si l'autre est un enfant, au sens propre comme au figuré, ne vous mettez pas en couple avec, adoptez-le·la, à la limite.

Cela n'empêche pas d'être gentil·le, voire attentionné·e, mais, pitié ! Ne décidez pas à la place de l'autre ce qui va la·e rendre heureuse·eux.

Oui, même si vous connaissez l'autre par cœur, vous ne pouvez pas anticiper toutes ses réactions, ses envies, ses choix… Juste parce que, faire cela, ce n'est pas aimer, c'est chercher à posséder l'autre. Loin de moi l'idée de vouloir vous empêcher de posséder qui que ce soit… Mais cela risque de vous donner un boulot fou et de n'être pas très rentable.

Par ailleurs, dans l'hypothèse où vous seriez en couple avec une personne constamment insatisfaite, il est encore plus urgent de cesser de vouloir faire son bonheur. On ne satisfait pas quelqu'un qui, structurellement, refuse de l'être.

Big news ! Les gens constamment insatisfaits sont des gens qui choisissent de l'être.

Pourquoi ? Mystère… Tout ce que la recherche a identifié, c'est que ces personnes sont souvent peu conscientes de leurs besoins réels et comptent sur les autres pour les satisfaire. « Je ne sais pas ce que je veux, mais je compte sur toi pour le deviner, tomber juste et que je sois content·e. »

Comme ces personnes ne savent pas ce qu'elles veulent réellement, elles ne peuvent évidemment pas être satisfaites. Ce qui en fait des casse-bonbons de compétition.

Point « rapports de forces dans le couple »

Pour certain·e·s, le couple n'est pas le lieu apaisant d'une relation mûre et équilibrée mais celui d'un rapport de forces dont il·elle doit forcément sortir gagnant·e. La culpabilisation permanente de l'autre devenant ainsi une arme infaillible pour prendre le pouvoir.

Ce rapport de forces amène logiquement celui·celle qui est en position de faiblesse à se demander si il·elle est suffisamment valable pour être aimé·e.

Conséquemment, cette personne se mettra la rate au court-bouillon H24 pour essayer d'être à la hauteur du soleil autoproclamé qui partage sa vie.

Il est bien entendu qu'il est possible que ce rapport de forces se renverse parfois, et qu'à culpabilisateur·trice on trouve un·e culpabilisateur·trice et demi·e.

TOP 20

des phrases culpabilisantes en couple et des reparties possibles

❶ Si tu m'aimais VRAIMENT, tu le ferais pour moi.

❝ *Tu as raison, je ne t'aime pas* VRAIMENT, *je fais semblant depuis des années.*

❷ Tu n'as pas encore couché les enfants ?

❝ *Écoute, j'ai essayé, mais faut croire que tu es plus doué·e que moi, je te laisse faire, du coup.*

❸ Pourquoi il n'y a plus de chocolat/de PQ/de liquide vaisselle ?

❝ *Parce que j'ai patiemment attendu que tu en rachètes.*

❹ Tu ne veux plus faire l'amour, de toute façon.

❝ *Je n'ai jamais réellement voulu, pour être honnête.*

❺ Avec tout ce que je fais pour nous, tu pourrais faire un effort.

❝ *Je suis encore avec toi, c'est déjà énorme.*

❻ Tu ne fais JAMAIS RIEN, de toute façon.

❝ *Montre-moi comment tu fais pour faire* TOUJOURS TOUT, *du coup.*

❼ Les maris de mes amies, ils le font, eux.

❝ *Ah, mais pour tes amies, je le ferais.*

❽ La cuisine de ma mère est quand même la meilleure au monde.

❝ *Je suis sûr·e que tu as hérité de son don, tu nous montres ?*

❾ Je te laisse faire, tu sais t'y prendre toi, moi, je sais pas.

❝ *Tu sais aller aux toilettes ? Tu sais les nettoyer aussi.*

⑩ Quel bordel ! Mais t'as rien foutu, aujourd'hui ?

« *Personne n'avait remarqué jusqu'à ce que tu entres dans la pièce. Ressors, pour voir ?*

⑪ Le dîner n'est pas prêt ?

« *Il attend que tu t'en occupes.*

⑫ Elles puent, les toilettes, tu n'as pas nettoyé ?

« *Pas depuis ton dernier passage, non.*

⑬ Tu ne me désires plus, ça se voit.

« *Regarde-toi dans le miroir, tu comprendras pourquoi.*

⑭ Tu es vraiment sans intérêt.

« *Qui se ressemble s'assemble…*

⑮ Tu ne veux JAMAIS sortir.

« *Ah, si, je veux sortir, mais pas avec toi.*

⑯ C'est pas bon, ton truc, tu as mis quoi, là-dedans ?

« *Ton manque de gentillesse, c'est pas bon, hein ?*

⑰ Pourquoi tu t'habilles pas comme la femme de Gérard, elle est sexy, elle.

« *Sois gentil, attentionné et intelligent comme Gérard, et on en reparle.*

⑱ C'est gonflant, quand tu vas mal.

« *Sors de la pièce, ça ira mieux.*

⑲ Tu n'es JAMAIS à la maison.

« *Peut-être parce que tu y es TOUT LE TEMPS ?*

⑳ Tu ne fais rien de la journée.

« *Je prends exemple sur toi.*

Dans le rapport de forces du couple, il existe un élément qui peut utilement venir cristalliser les petites culpabilités quotidiennes, la production commune : les enfants.

TOP 15

des phrases culpabilisantes sur les enfants :

1. Tu ne t'es JAMAIS occupé des gosses.
2. Si tu me quittes, tu vas briser la vie des enfants.
3. Les grandes oreilles, ça vient de TON côté.
4. Notre fille, elle est aussi chiante que ta mère.
5. Notre fils, il fait tout comme toi, c'est pour ça qu'il est nul à l'école.
6. T'as pas la bosse des maths toi, comme ton père.
7. Si tu travailles, les enfants seront malheureux de ne pas te voir.
8. Les enfants ne voient JAMAIS leur mère, tu trouves ça normal ?
9. Si tu ne travailles pas, on ne pourra pas leur payer autant de choses.
10. C'est pas étonnant qu'ils soient comme ça, tu as vu ce qu'ils mangent ?
11. Allô ? Notre fille vient de vomir et elle te réclame, qu'est ce que je lui dis ?
12. TON fils a encore fait une connerie !
13. C'est TA faute s'ils sont comme ça.
14. Arrête de les coller, tu ne vois pas qu'ils n'en peuvent plus ?
15. C'est TOI qui as voulu divorcer, c'est pour ça qu'ils sont perturbés !

CULPAFUCK !

« La reproduction
est le commencement de la mort. »

James Joyce

10

CULPAFUCK… LE RENOUVELLEMENT DES GÉNÉRATIONS

Pourquoi se reproduire ?

POURQUOI ON CULPABILE :

Parce que « donner la vie, c'est la plus belle chose au monde ».
Parce que « quand est-ce que tu nous fais un petit-fils, on n'est plus tout jeunes, tu sais ? »
Parce qu'« un enfant, ça va sceller notre amour » ;
Parce qu'« il faut transmettre ce qu'on a appris » ;
Parce que « c'est égoïste de ne pas faire d'enfants » ;
Parce qu'on n'a toujours pas de solution pour le recyclage des déchets nucléaires, et qu'on espère bien que quelqu'un va la trouver dans les générations suivantes.

Point « guerre mondiale »

Il y a eu deux guerres mondiales qui ont dégommé plein de gens, donc après guerre il fallait produire des gens pour remplacer les gens morts. Raison pour laquelle l'avortement était non seulement interdit mais sévèrement puni. À cette époque, les femmes étaient priées de bien vouloir repeupler la nation, de « faire leur devoir pour la patrie ». Les hommes avaient combattu, les femmes devaient produire de nouveaux humains. C'est là qu'on mesure le courage des féministes d'avoir dit « un enfant si je veux » dès les années 1950 (big up mesdames, et merci !).

♦♦♦

CULPAFUCK !

« Donner la vie », quelle expression atroce…

« Je t'ai donné la vie. » Ça sonne bien, mais ça sous-entend que la vie en question, on en est possesseur puisqu'on la donne… Pardon, mais c'est un peu trop de pression pour moi comme pour l'enfant qui a été produit.

Personnellement, je ne pense pas avoir donné quoi que ce soit à qui que ce soit. Je me suis reproduite avec la participation active d'un monsieur, point.

Comme il est dit dans un excellent livre que je vous conseille, *Sois mère et tais-toi*[1], dont je suis l'autrice

1 Tut-tut Éditions, 2017.

comblée, il y a 10 raisons de faire des enfants, mais des milliers de ne pas en faire.

On soupçonne les gens qui ne veulent pas d'enfants de ne pas « aimer les enfants ». C'est étrange… Moi, j'aime beaucoup les animaux, et pourtant je n'en veux pas chez moi, pourquoi ? Parce que tout être vivant qui entre chez moi doit être capable de gérer ses propres déjections : tant que les chiens ne seront pas capables d'aller aux toilettes et de tirer la chasse d'eau après s'être essuyés, il n'y en aura pas chez moi.

De la même façon, on peut fort bien imaginer quelqu'un apprécier la compagnie des enfants sans pour autant éprouver l'envie d'en pratiquer l'élevage…

Point « J'ai choisi de ne pas avoir d'enfants, et la société entière me considère comme une sorcière »

Mais non, c'est dans votre tête, tout ça.

Non, j'déconne. Oui, je vous le confirme, pour la plupart des gens, vous êtes au mieux un ovni, au pire une abominable égoïste. Pardon, messieurs, de ne pas vous inclure dans cette réflexion, mais je crois que c'est un reproche qu'on adresse beaucoup plus facilement aux personnes dotées d'un utérus, vu que, vous, « vous faites carrière, on peut comprendre ».

Je crois que, sur ce sujet, les réflexions/pensées des « gens » — mais qui sont « les gens », d'ailleurs ? — sont probablement plus adressées à eux-mêmes qu'à vous. Lorsqu'ils questionnent votre supposé égoïsme, ils parlent certainement du leur et peut-être même du regret d'être parent — arrêtons les mensonges : oui, c'est une charge mentale à vie.

Lorsqu'ils vous parlent de transmission, de partage, en vous reprochant de ne pas désirer cela, je pense qu'ils vous parlent de leur propre angoisse de disparaître et de ne pas avoir pu transmettre le nombre considérable des névroses qui les bouffent. Et c'est vrai qu'une angoisse aussi narcissique, ça serait dommage que ça ne se transmette pas de génération en génération.

Franchement, on questionne davantage les gens qui n'ont pas d'enfants que les gens qui en ont, et c'est une aberration.

Ce n'est pas parce qu'on PEUT se reproduire qu'on DOIT le faire.

J'ai une amie qui est capable de rentrer son poing entier dans sa bouche. Est-ce qu'elle le fait pour autant ? Non — à mon grand regret, je ne vous le cache pas, parce que je trouve ça excessivement drôle. Pourquoi ? Parce que ça ne lui paraît pas nécessaire.

— Pourquoi vous ne voulez pas d'enfants ?

— Parce que ça ne me paraît pas nécessaire.

Point « J'en ai voulu, ça a pas marché, j'en veux plus »

Dieu sait que vous avez essayé : les « Attends, mais je connais une acupunctrice géniale, elle a mis toutes mes copines enceintes », sauf que maintenant vous en avez votre claque des « Vas-y, je crois que j'ovule, allez, on fait l'amour, ben pourquoi t'as pas envie ?! », « Bon ben, je viens encore d'avoir mes règles, c'est mort », « Si ça se trouve, c'est dans ta tête, tu as des problèmes à régler avec ta mère ? »

Et autres joyeusetés telle la délicieuse, fort utile et un peu traumatisante PMA. Bref, c'est bon. Comme m'a dit une amie concernée : « Est-ce qu'on peut foutre la paix à mon corps, là ? »

Ça a été un désir, puis un essai, puis des tentatives, puis des abandons, puis de l'espoir, puis des tentatives, puis de la lutte, puis un combat, et maintenant c'est une expérience acquise.

C'est votre corps à vous et votre expérience à vous. CULPAFUCK !

Point « J'ai accouché sous X »

Je connais personnellement quelqu'un qui a fait ce choix. Enceinte sans le vouloir, déni de grossesse, on lui annonce qu'elle accouche dans le mois qui suit.

Elle réfléchit longuement, elle a un mode de vie nomade à cause de son métier, l'arrivée d'un enfant n'était pas prévue, mais surtout, elle ne se sent pas capable de l'élever et de le rendre heureux.

Elle a donc accouché sous X.

Pour moi, elle a commis l'acte le plus parental et bienveillant qui soit. Confier à d'autres le soin d'entourer et de faire grandir l'enfant qu'elle a porté, pour son bien à lui. J'ai énormément d'admiration pour elle, qui vit peut-être avec la pensée de cet enfant qui va grandir bien entouré — on l'espère ! —, mais sans elle. Culpafuck.

Point « J'ai avorté »

Oui, et c'était la bonne décision au moment où vous l'avez prise.

Que vous le regrettiez, c'est possible. Mais c'est justement suffisamment triste pour ne pas en plus y penser comme à une faute, une erreur que vous auriez commise. Accordez-vous l'indulgence que vous accorderiez à votre meilleure amie si elle se confiait. Ça vous viendrait à l'idée de lui dire : « Bah oui, ma connasse, on te l'avait bien dit, tu t'en mords les ovaires, maintenant, hein ! » Si oui, vous êtes odieuse et vous faites bien de vous sentir coupable. Sinon, offrez-vous la bienveillance et les paroles douces que vous méritez. Maman vous aime.

**« Ce qui me fait le plus peur ?
Les petits enfants. »**

Alfred Hitchcock

11

CULPAFUCK… LES ENFANTS

Est-il indispensable d'avoir des enfants qui réussissent ?

POURQUOI ON CULPABILE :

Parce que les amis de nos enfants sont inscrits à un cours d'anglais à l'heure du déjeuner et qu'en plus ils ont l'air d'aimer ça.
Parce que « Ah non, Victor peut pas venir, il a trampoline, puis guitare, puis réalisation de films ».
Parce que « Vous savez, madame, si votre fille n'améliore pas ses résultats, elle ne pourra pas poursuivre de longues études ». « Mais elle est en moyenne section ?!! — Il n'est jamais trop tôt pour prendre le pli, vous savez ».
Parce que « Chez nous, il n'y a pas la télé, et les enfants ont droit à une heure de tablette par semaine, pas plus ».

Bref, parce que, apparemment les autres font beaucoup mieux que nous en tant que parents et qu'on a du mal à l'assumer.

CULPAFUCK !

La vie m'a offert trois merveilleux enfants dont je pense avoir enfin compris le mode d'emploi, raison essentielle pour laquelle ce sont mes préférés (par rapport à des enfants inconnus, je veux dire – je précise, car beaucoup de gens qui n'ont pas d'enfants disent « adorer les enfants, mais ceux des autres », je le disais aussi. Maintenant que je suis munie d'une progéniture aussi intéressante qu'indisciplinée – comme ma chevelure, en fait –, je préfère mes enfants à ceux des autres – ma chevelure, en revanche…

Est-ce que j'aime mes enfants ? Oui, évidemment.

Et ça les sauve. Sinon, je serais déjà en taule pour négligence parentale grave.

Je suis une mère qui lâche régulièrement. Je lâche sur le nombre d'heures de télé/de tablette/de jeux vidéo. J'ai lâché sur le téléphone portable avant le collège, les bonbons de temps à autre… Je lâche sur tellement de choses qu'il est probable que je ne puisse jamais tout lister.

Je sais qu'il faut « savoir dire non », que c'est « structurant pour l'enfant », que « ça lui donne des limites » qu'il·elle me « remerciera quand il·elle sera adulte », mais personne ne m'avait prévenue que ce serait aussi aussi fuckin'épuisant !

Mes enfants sont des maîtres du harcèlement verbal – technique très éprouvée qui consiste à me demander quelque chose et à pousser des hurlements/geindre/faire des choses qui vrillent mes tympans jusqu'à ce que je cède. J'ajoute qu'ils sont trois et qu'il leur arrive périodiquement d'entremêler leurs demandes, si bien que je ne sais plus si je dois interdire à numéro 1 de téléphoner dans la piscine, à numéro 2 de mettre son maillot de bain pour aller à la piste de skate et/ou à numéro 3 de lire tous mes SMS à voix haute sur la place de la mairie.

Donc je culpafucke. Complètement.

Ils ne seront jamais assez cultivés/intelligents/sportifs/forts/musiciens... pour mériter une quelconque récompense internationale, mais après tout...

J'ai décidé que, en tant que parent, mon objectif était de les garder en vie et en un seul morceau – si tant est que ça dépende uniquement de moi – jusqu'à leur majorité. Et je trouve que c'est déjà énorme. (Ah oui, et aussi qu'ils sachent lire, écrire et compter.) (Et dire bonjour/au revoir/s'il vous plaît/merci quand c'est approprié.) (C'est tout.)

« Tant qu'il y a de la vie, il y a de l'espoir. »

Si à 18 ans mon enfant a la culture générale d'un sportif de haut niveau – pardon, pas tous, mais si, quand même – parce que j'ai lâché sur les « Allez, maman encore une vidéo de XXX » (mettez ici le nom de n'importe quel·le youtubeur·se pour adolescents), est-ce que je suis coupable ?

Non, je ne l'ai pas forcé ! Je lui ai offert des bouquins, je lui ai proposé des expos, des sorties, des activités... Propositions auxquelles je n'ai obtenu pour réponse que des « Heiiiiiiiin ?! Naaaaaan ». Je considère que j'ai fait le boulot.

Comme le dit si bien ce proverbe africain, « il faut un village pour élever un enfant », si le mien choisit de ne fréquenter que les crétins... Je me résous à la difficile réalité : mon enfant préfère être un abruti, et c'est son problème.

Si, une fois devenu adulte, bon... disons âgé physiologiquement, il lui prend le désir d'enfin devenir quelqu'un d'intéressant, ce sera formidable. Mon seul devoir, c'est de ne pas empêcher ça, mais me battre pendant des années pour que cela advienne malgré lui·elle, non merci, j'ai suffisamment de boulot avec mes propres médiocrités.

Je lui donne les moyens d'être quelqu'un de bien, je ne peux pas le·la forcer à le devenir. Culpafuck !

Point « Donner l'exemple »

La seule façon d'enseigner à son enfant à devenir quelqu'un de bien, c'est de donner l'exemple... Et c'est une horreur.

Si on veut lui apprendre à être poli, il faut être poli.

Si on veut lui apprendre la générosité, il faut être généreux. Si on veut lui apprendre à parler gentiment, il faut lui parler gentiment. L'ENFER.

Ces morpions sont de gros copieurs, si on fait un faux pas, ils font le même. Et le répètent à l'envi, les petits crétins. La moindre infraction dans le code de bonne conduite parental est une bonne excuse pour faire n'importe quoi en permanence, au prétexte fallacieux que « Ben toi aussi, tu le fais ». La seule réponse réellement Culpafuck, à mon avis, étant : « Quand tu sauras conduire une voiture, toi aussi tu pourras dire des gros mots dedans. »

Point « Je ne les oblige à rien parce qu'ils n'ont pas choisi de naître »

Si, ça existe. J'en connais, et des très proches, qui ont laissé leurs enfants se construire, par exemple, dans une liberté sociale quasi totale (pas obligés de dire bonjour/au revoir/sourire/s'il vous plaît/merci) au motif « qu'ils n'ont pas choisi de naître ». Autant vous dire qu'ils ont créé des monstres.

Il se trouve que nous non plus, on n'a pas choisi de les faire naître. On les a voulus, certes. On les a eus, mais ce n'est pas nous qui avons décidé qu'ils allaient naître — allez donc en parler à tous les parents fertiles qui veulent des enfants et qui n'en ont pas. Bref, nous ne sommes pas coupables de les avoir fait naître. Blâmez la nature/Dieu/les hasards de la biologie… mais pas vous-même. Culpafuck !

Point « C'était un accident mais je l'aime quand même, alors je fais tout pour le lui prouver »

Oui, alors pareil, on détend son string d'au moins une ou deux tailles. Ce qui compte, ce ne sont pas vos intentions/beuveries d'il y a dix ans, c'est ce que vous faites ici et maintenant.

Vous l'hébergez ? Vous le nourrissez ? Vous lui donnez de l'amour par l'intermédiaire de regards souriants et de mots valorisants ? Un cadeau à Noël, un cadeau pour son anniv' ? Des fournitures scolaires ? Il y a l'eau courante chez vous ?

Vous faites le job. Cet enfant n'a pas besoin d'une carte Pokémon de plus pour que vous lui prouviez votre amuuuuur.

(C'est une femme qui vient de refuser d'offrir un 35e personnage Playmobil qui vous le dit.)

CULPAFUCK !

« Les parents du Père Noël auraient aussi souhaité que leur fils existe vraiment. »

Jean-Michel Serveaux
(moi non plus je ne sais pas qui c'est, mais sa citation est drôle)

12

CULPAFUCK… LES PARENTS

Que doit-on réellement aux gens qui nous ont élevés ?

POURQUOI ON CULPABILE :

Parce qu'on nous a appris qu'il faut respecter ses parents, ce qui consistait, quand nous étions enfants, essentiellement à éviter de les mettre en colère – parce que quand papa et maman crient, ça fout sacrément les miquettes.

Nous avons donc appris que, la règle, c'est « éviter de les contrarier » puis « les brosser dans le sens du poil » pour obtenir ce qu'on veut, voire « avoir des bonnes notes » pour les échanger contre des autorisations de sortie. Bref, nous avons appris que les réactions de ces gens qui se targuent de nous avoir conçus avaient un impact réel, autant sur notre paix intérieure que sur notre vie pratique.

Les parents usent de différentes méthodes pour nous faire acquérir ces notions, des méthodes sévères : « Tu as eu 12 à ton contrôle de maths, tu ne sors pas », des méthodes cool : « Tu sais, c'est pas pour moi, que tu travailles, c'est pour toi », des méthodes dingues : « Comment oses-tu avoir 12 avec tout ce que je sacrifie pour toi ? » Quelles que soient ces méthodes, elles nous ont forgé·e·s et ont parfois ancré chez nous un objectif fort de « faire plaisir à papa/maman ».

Du coup, chaque fois que nous avons l'impression de louper cet objectif, nous culpabilisons.

CULPAFUCK !

Les parents nous ont voulus, les parents nous ont eus. Ils nous ont élevés, ou pas, mais maintenant que leur job est fini, il semble qu'il nous faille assurer un service après-vente, ce qui est paradoxal car c'est normalement le fabricant qui fait le SAV, pas l'utilisateur.

Ainsi, le SAV des enfants vis-à-vis des parents peut consister à :

- **Déjeuner avec eux tous les dimanches ;**
- **Passer Noël avec eux tous les ans ;**
- **Mener la carrière qu'ils souhaitaient pour nous ;**
- **Être au moins aussi beau/brillant/riche/performant que tous les enfants de leurs amis ;**
- **Épouser quelqu'un qu'ils auraient épousé eux-mêmes ;**
- **Faire des enfants et les élever comme eux l'auraient fait ;**
- **Venir réparer des trucs chez eux ;**
- **Assurer la maintenance informatique de leur Internet/téléphone/box...**

En bref, d'après eux, être éventuellement à la hauteur des efforts et des sacrifices qu'ils ont consentis pour nous permettre d'arriver là où nous sommes. Où s'arrête la reconnaissance, ou commence l'esclavage ?

Nous naissons – si possible – d'un désir, commun – éventuellement –, irréaliste, par définition.

Accordons-nous un moment de poésie conceptrice :

Si nous sommes l'aîné·e, nous concrétisons l'amour, tout au moins l'union de deux individus, leur promesse réciproque de réaliser ensemble un projet familial. Nous sommes parfois le fruit d'une proposition acceptée, ou imposée.

Si nous sommes un·e deuxième, nous sommes l'exponentiel, la multiplication de l'humain par l'humain, qui ne crée plus seulement un trio, mais un quatuor d'alter ego, le signe qu'une musique s'élabore – c'est joli ou pas ?

Un·e troisième, c'est une exultation. Il faut sacrément croire en la vie et en son caractère positif pour se lancer dans une famille nombreuse en Occident à notre époque.

Si nous sommes un·e quatrième, nous sommes une surprise ou une symphonie, dans les deux cas un événement majeur.

Bref, arrêtez de vous chafouiner, votre naissance est un truc positif, quelles que soient les circonstances.

Nous ne naissons pas de notre propre chef, mais de celui de nos parents, au moins en partie.

Ce qui, personnellement, me libère à 99 % de ma culpabilité vis-à-vis d'eux.

Malgré tout, il semble qu'il existe des parents particulièrement doués dans l'art de faire culpabiliser leurs enfants…

MUSÉE DES HORREURS PARENTALES[1]

★ Les Parents Qui Veulent Nous Voir Plus

« Quand tu te souviendras que tu as un père/une mère, tu nous appelleras. »
« Tu as honte de nous ? »
« Tu n'as pas une amie qui voudrait venir en vacances avec moi ? »
« Je sais bien, avec ton travail on ne fait pas partie de tes priorités. »
« On n'ose pas t'appeler, on a toujours l'impression de te déranger. »
« Tu m'abandonnes déjà ? »

★ Sous-catégorie : Ceux Qui Veulent Savoir Si On Est Vivant Et Qui Nous Informent Que Eux Le Sont

« Tu ne m'as pas téléphoné depuis trois jours, j'ai cru que tu étais morte. »
« Tu cherches même pas à savoir si ta mère est vivante ou non… Tu me laisses m'inquiéter… !! »

★ Les Parents Qui Aiment Pas Bien Qu'on Leur Résiste :

« Tu me tues à petit feu, à force de me contredire ! Je vais me coucher, je me sens mal, là. »
« Pourquoi tu montes toujours sur tes grands chevaux ? Vraiment, on ne peut plus rien te dire, à toi. »

1 Sources : familiales, amicales et sondage Facebook de mai 2017.

« Tu as beaucoup changé, tu n'étais pas du tout comme ça, quand tu étais petit·e. »

★ Les Parents Qui Ne Veulent Plus Nous Voir

« [Les enfants] vous êtes pires qu'une épine dans le c... »
« Tu prends beaucoup trop de places dans nos vies, quand est-ce que tu quittes la maison ? »
« Ta mère et moi, on aimerait enfin profiter de la vie. »
« Pourquoi tu m'appelles encore ? Qu'est-ce que tu veux ?! »

★ Ceux Qui Ne Nous Voulaient Pas

« J'aurais dû te noyer à la naissance. »
« Si la pilule avait existé, tu ne serais pas là. »
« Si j'avais su, tu serais parti dans la cuvette des toilettes. »
« Ma vie aurait été bien plus belle sans toi. »
« Tu es sûr de vouloir des enfants ? Parce que c'est une plaie à vie ! »

★ Les Parents Qui Jugent Notre Physique

« Tu as vu comme t'es grosse ? J'ai honte de sortir avec toi... »
« Mets pas de jupes courtes, t'as de grosses cuisses. »
« Tu as une de ces mines, on ne dirait pas que tu reviens de vacances. »
« Quand je pense à la si jolie petite fille que tu as été, quel gâchis ! »
« Tu ressembles de plus en plus aux sœurs de ton père, c'est vraiment dommage. »

« C'est quoi, ce truc que tu as sur le nez, là, ce n'est pas très heureux. »
« Tu as de ces cernes… On dirait des vieilles poches de jean, tu devrais te faire opérer. »

★ Les Parents Qui Comparent Leurs Enfants Entre Eux Et Le Leur Disent

« Béatrice est travailleuse, mais son frère est doué. »
« Ton frère est tellement brillant et ses enfants tellement faciles… C'est dommage que ta famille ne soit pas comme ça. »
« Ta sœur est mince, toi tu es grosse, c'est comme ça… Tu cacheras tes rondeurs. »
« Tu ne veux pas faire comme ta sœur ? Elle au moins elle a un gentil mari, elle est pas toute seule comme toi. »
« On vous a pourtant élevés pareil, tes frères et toi, qu'est-ce qui ne va pas ? »

★ Les Parents Qui Ont Un Avis Sur Nous En Tant Que Parents (= Les Parents Nuls Qui Trouvent Qu'on Est Nuls Comme Parents)

« Tu sais, les enfants sont des éponges, si tu es stressé·e, ils le seront aussi. »
« De toute façon, tu as fait tes enfants pour les allocs. »
« Si tes filles sont angoissées, c'est ta faute, fallait pas divorcer. »
« Tu devrais arrêter d'allaiter, c'est sûrement ton lait qui n'est pas assez bon. »
« Mais comment tu l'éduques, celle-là ?? »
« Arrête de le prendre dans tes bras quand il pleure, ce bébé, il va devenir capricieux. »

« Oh, de toute façon, toi, avec tes gosses qui sont toujours malades !…. »
« Avec ton fils handicapé, ton célibat et ton chômage, t'es vraiment le quota cassos de la famille. »

★ Les Parents Qui Prennent Partie Contre Nous Dans Le Divorce

« Tu t'en sors pas toute seule ? Te plains pas, tu l'as quitté, ton mari, t'avais qu'à le garder, il gagnait bien sa vie, lui. »
« Tu divorces si tu veux, mais il est hors de question que tu m'empêches de voir ton ex, lui, au moins, il est gentil avec moi. »
« Ton ex souffre beaucoup plus que toi, et tu le sais. »
« Je ne comprends vraiment pas pourquoi tu as quitté ton mari, il était si gentil. »
« Quand on est mère, on ne divorce pas. »
« Pourtant, tu avais tout pour être bien. » Souvent suivi d'un : « Enfin, bref, c'est la mode, maintenant, de se séparer. »
« Tu m'étonnes, que ton mari soit parti, t'as vu comment tu t'habilles ?! »

★ Les Parents Qui Voudraient Qu'on Les Rembourse

« Quand je pense qu'on s'est tellement sacrifiés pour toi… Et tu n'es même pas capable de devenir avocat. »

★ Les Parents Qui Espèrent Que Nos Enfants Vont Les Venger

« Je te souhaite d'avoir une fille aussi chiante que toi. »

« J'espère que, quand tu auras des enfants plus tard, ils te feront la misère comme tu me l'as faite. »

★ Les Parents Qui Font Des Prédictions Sur Nos Enfants

« Tu ne sais faire que des pisseuses aussi chiantes que toi. »
« Ton fils sera délinquant, il volera des mobylettes. »

Pourquoi ?

Probablement parce qu'ils nous voient non comme des être humain à part entière mais comme des prolongements d'eux-mêmes, de leurs valeurs. Pour eux, nous ne sommes pas des personnes douées d'un libre arbitre et d'une raison, nous sommes un organe à eux, vivant en dehors de leur corps, mais qui est à eux c'est certain. Oui, c'est pathologique et ça se soigne, mais rares sont ceux qui veulent s'y confronter.

◇◇◇◇◇◇◇◇◇◇◇◇◇

« La vieillesse est un naufrage... »

Chateaubriand (vieux)

13

CULPAFUCK… LES AÏEULS

Faut-il tout pardonner aux vieux parce qu'ils sont vieux ?

POURQUOI ON CULPABILE :

Le vieux est vieux, et ça nous panique. La vieille aussi.

Parce que le vieux ou la vieille, un jour, ce sera nous : être de santé fragile, ne plus lire le moindre papier sans porter une paire de jumelles autour du cou, mal entendre, marcher doucement… La vulnérabilité physique nous émeut et provoque une empathie quasi automatique, comme avec les bébés. Mais c'est oublier que vieux et vieilles ont un pouvoir de nuisance autrement plus volontaire que des nourrissons : ça s'appelle l'expérience. Les porteurs de cheveux blancs ont cet avantage immense sur nous qu'ils connaissent la suite de l'histoire et qu'ils peuvent donc, s'ils sont un peu pervers, s'en servir contre nous.

CULPAFUCK !

Je connais une paire de grands-parents absolument épouvantables. Non contents d'avoir été de gros égocentriques toute leur vie, d'avoir globalement mal aimé leurs enfants et de continuer à leur pourrir la vie avec application, ils sont également odieux vis-à-vis de leurs petits-enfants — manipulations diverses pour les monter les uns contre les autres, jugements de cours déplacés et autres joyeusetés glauques et familiales.
Attention, ils sont épouvantables, mais ce n'est que la partie émergée de leur cerveau en marmelade relationnelle. Parce qu'il n'y a jamais une agression directe, pas un mot plus haut que l'autre. Tout cela baigne dans le sucre et le miel et se déguste comme un baklava blindé à la mort-aux-rats.

C'est chic ou pas ?

Seulement voilà, pépé et mémé ont 94 et 96 ans.

Il est vieux, elle est vieille.

Il et elle vont mourir.

Alors on leur pardonne.

Mais FUCK ! Il faut vraiment tout pardonner aux vieilles et aux vieux sous prétexte qu'il leur reste moins de temps à vivre ? Évidemment, que ce n'est pas marrant de vieillir, mais c'est pas comme si c'était un truc totalement imprévu, si ?

Comme ils vont mourir incessamment, on n'a qu'à continuer à supporter leurs vacheries parce qu'il n'y en a plus pour longtemps ? Non, parce que, vous aussi, vous allez mourir un jour.

Ce sont d'horribles personnes, point. Et elles ne méritent pas l'énergie qu'on leur consacre. Avant, elles étaient atroces, maintenant, elles sont pires.

Il n'y a pas de bonne raison de mal se comporter avec les autres. En tout cas pas de raison qui excuse d'emprisonner l'autre dans son malaise. Ne pas confondre excuse avec explication.

Je peux expliquer – vaguement – pourquoi ils agissent ainsi, mais ils sont libres d'agir autrement. Si je reste entre leurs griffes, c'est moi qui suis responsable de ce que je vis.

Pour être franche, je pense aussi que, si certains vieux sont de plus en plus pénibles avec l'âge, c'est précisément parce qu'on ne les traite plus comme des adultes. Comme ils sont vieux, on se dit : « Oh, je ne vais pas l'embêter avec ça », alors qu'en fait, si, justement, il faut embêter les vieux avec tout un tas de trucs, ainsi ils auront moins l'impression de vieillir – cette théorie n'est bien sûr validée par aucun psy, elle est en revanche à tenter si vous disposez de vieux sains d'esprit autour de vous.

Elle est aussi à expérimenter si vous êtes entouré de vieux pervers : il existe un paquet de vieilles personnes qui savent parfaitement jouer sur notre culpabilité à être jeunes et bien portants. Plus elles vieillissent, plus elles s'autorisent des chapelets d'horreurs… qui les font marrer, en plus. Vous avez vu *Tatie Danielle*[1] ? Le monde en est plein. Le seul personnage qui s'en sorte dans *Tatie Danielle*, c'est l'aide-soignante. Pourquoi ? Parce qu'elle refuse de se laisser culpabiliser et de subir la maltraitance.

1 Un excellent film d'Étienne Chatiliez sorti en 1990, relatant l'histoire d'une grand-mère égocentrique qui torture son entourage avec beaucoup de créativité.

Les personnages de la famille sont, eux, en pleine culpabilité et se laissent martyriser, pour la plus grande satisfaction du personnage principal.

Attention : je ne dis pas qu'il faut maltraiter les personnes âgées. En revanche, poser des limites est une condition de survie en milieu âgé hostile.

Le vieux dispose de toute une palette d'armes de destruction massive de l'ego, fondée sur sa prétendue ou réelle vulnérabilité : incontinence, perte de mémoire, difficulté à se déplacer… La personne âgée perverse a donc tout loisir de transformer ses vulnérabilités en occasion de pourrir la vie de ses proches : remarques blessantes, réflexions intrusives… par plaisir ou pour prendre le contrôle de son interlocteur·trice.

TOP 10

des réflexions perverses de vieilles et de vieux et des retours de volée à balancer sans scrupule

1. De mon temps, les femmes ne s'habillaient pas comme ça…

   ❝ De ton temps, elles n'avaient pas le droit de vote non plus.

2. Tu n'as pas bonne mine aujourd'hui, je suis sûre que tu es malade.

   ❝ Rassure-toi, Mamie, mes chances de survie restent bien supérieures aux tiennes.

❸ Avec les parents qu'ils ont, faut pas s'étonner que vos enfants dégénèrent.

❝ *Avec les parents que j'ai, ils s'en sortent déjà très bien.*

❹ Tu attends l'héritage, c'est pour ça que tu t'occupes de moi.

❝ *Puisque tu en parles, je t'ai fait une liste de trucs que j'aimerais emporter avant ta mort.*

❺ Alors, toujours célibataire ?

❝ *Et toi, toujours veuve ?*

❻ Tu as encore perdu ton travail ?

❝ *Oui, mais moi, au moins, je sens bon.*

❼ Si tu ne me parles pas gentiment, je donne tout à ta sœur !

❝ *Si tu ne me parles pas gentiment, je te mets à l'hospice.*

❽ Pourquoi tu ne vis pas à côté de chez moi ? Tu te rends compte, si jamais je tombe ?

❝ *Parce que, vu ton haleine, j'ai demandé que tu ne m'approches pas à moins de 100 mètres.*

❾ Vous partez au soleil en fin d'année ? Vous m'abandonnez alors que c'est peut-être mon dernier Noël ?

❝ *Mais non, Mamie, on ne t'abandonne pas, on te fuit.*

❿ Je suis tellement seul·e (soupir et regard du chien battu)… J'espère que la mort viendra vite me chercher.

❝ *Si tu veux vraiment partir en avance, y a de la Javel sous l'évier.*

JEU SET ET MATCH. CULPAFUCK !

« I am what I am,
and what I am needs no excuses[1]. »

Jerry Herman,
chanté par Gloria Gaynor

1 « Je suis qui je suis, et je ne vais pas m'excuser pour ça. »

14

CULPAFUCK... MOI-MÊME

Pourquoi vouloir être parfait·e ?

POURQUOI ON CULPABILE :

Parce que nous vivons dans une société qui valorise peu les individus au quotidien : à l'école, au bureau ou dans la rue, les compliments gratuits sont rares — sauf lorsqu'un inconnu vous braille « Hey toi, t'as un joli p'tit cul » rue Charles-de-Gaulle à 10 heures du matin.

Alors on se jauge soi-même, on s'évalue et on se compare.

Et c'est difficile de faire autrement… Parce que la publicité, le monde médiatique ou même les voisins nous renvoient sans arrêt à nous-mêmes, à ce qu'on a accompli ou pas, à l'image qu'on a de soi et à la maîtrise de celle-ci. Conséquemment, nous nous imposons des normes exigeantes, trop, qui nous alimentent en complexes variés que nous nous infligeons sans aucune bienveillance envers nous-mêmes.

Au-delà de ce que notre entourage peut penser de nous, nous sommes notre juge le plus sévère. Personnellement, je place mes standards de « réussite » dans certains domaines tellement haut qu'il est peu probable que je les atteigne un jour… Le standard de ma réussite domestique, par exemple : je rêve que mon appartement ressemble à la suite présidentielle d'un palace contemporain… Rien que ça. Sinon, j'aimerais que mes mollets fassent 5 centimères de plus en longueur et aussi pouvoir déclamer des poèmes à la demande comme le faisait Jean d'Ormesson.

J'ai également une vraie tendance à me sentir coupable des malheurs du monde : des sans-abri croisés dans les rues de Paris aux continents de plastique dans l'océan Indien.

Comment fais-je pour me sentir personnellement coupable des malheurs du monde en permanence ?

Il se trouve que j'ai un dialogue intérieur très riche et permanent, je me parle sans arrêt, en faisant les questions et les réponses, sauf que je me parle mal.

En réalité, je me parle comme une professeure dépressive et frustrée parlerait à une élève de 6e : « Franchement, avec tes capacités, on ne comprend pas que tu ne fasses pas mieux. »

Au lieu de me parler comme à une amie…

Si je me parlais comme à une amie,

J'arrêterais de me dire :

« Nan mais, ça va pas, de prendre un bain ?! La crise de l'eau, tu connais ?! »

Je me dirais :

« Tu n'achètes que du bio – "OK, vos kiwis sont bio, mais bio du Chili ou bio de Bretagne ?" –, tu roules en Autolib', tu as arrêté la viande, tu refuses les sacs plastique, tu rembourses ton empreinte carbone quand tu prends l'avion… t'en fais déjà pas mal pour l'écologie. »

J'arrêterais de me dire :

« T'es sérieuse, un appareil à raclette ?! Mais enfin, on a dit qu'on arrêtait complètement le gras ! »

Je me dirais :

« Tu fais du sport, tu manges des légumes, des graines, tu as arrêté le lait et les yaourts, tu mets jamais les pieds dans un fast-food, tu as renoncé au Nutella et aux Snickers, donc on va bien bien profiter de cette raclette… »

J'arrêterais de me dire :

« Tu l'as vu, ce mec qui dort dans la rue, pourquoi tu l'invites pas à dormir chez toi ? »

Je me dirais :

« Tu donnes à des associations qui savent les accueillir et tu n'as pas de chambre supplémentaire chez toi, détends-toi et souris-lui, le jour où tu auras la place chez toi, on en reparlera. »

Et ainsi de suite…

Pourquoi on fait ça ?

Probablement à cause d'un léger (hum…) sentiment de toute-puissance, hérité de l'enfance…

Et qui dit « toute-puissance » dit « toute-culpabilité »…

Si je maîtrise tout dans ma vie, je dois pouvoir aussi agir sur celle des autres… Ce qui n'est pas faux, mais où est la limite ?

Sur cette réflexion, je vous laisse, je retourne jouer avec mes Kapla.

Point « culpabilité familiale »

Faut-il se sentir coupable des agissements de ses ancêtres ?

La réponse est dans la question : non.

Pour ne pas avoir ce genre de conversation gênante :

« Qu'est-ce qui t'arrive ?

— Je viens de découvrir que mon arrière-grand-père était un collabo… tu te rends compte ? C'est horrible, de se dire que des gens sont peut-être morts à cause de lui… Je me sens tellement mal, je culpabilise à mort, tu n'imagines pas ce que c'est…

— Mon père a tué quelqu'un, il a fait quinze ans de prison, tu veux en parler ? »

♦ ♦ ♦

Et, plus globalement, pour ne pas s'infliger plus de responsabilités que la société ne nous en impose.

La famille dont nous sommes issus génère parfois des sentiments de culpabilité intense, du fait même de son existence.

Un papy collabo, une mamie maltraitante, un frère ou une sœur vivant un handicap, une mère morte pendant l'accouchement, des enfants cachés, des incestes, des mariages forcés…

En cherchant bien, je dois pouvoir trouver un truc bien culpabilisant dans la famille de chacune des personnes que je connais. Les familles parfaites n'existent pas, même si, pour ma part, j'ai longtemps souhaité être Caroline Ingalls.

Ah, Caroline Ingalls – ce papier peint tout en sourires extatiques devant son bûcheron de mari avec sa chemise à carreaux ! Longtemps j'ai été fascinée en pensant à des parents d'amis qui formaient un couple idéal, souhaitant être comme eux, jusqu'à ce que je découvre que monsieur aimait les messieurs et qu'il avait oublié d'en informer madame.

Je me souviens de ma mère rentrant de certains dîners horripilée, humiliée, même, par la vie parfaite d'amis dont les enfants réussissaient formidablement, jusqu'à ce qu'elle découvre que l'un avait été abusé par son père et que les deux autres ne voulaient plus parler à leur frère en prenant le parti de leur père… C'est gai, hein ?

Depuis peu, au lieu de culpabiliser de ne pas être aussi bien que les Machins ou les Trucs, je m'efforce de me réjouir pour eux… « Si, si, c'est bien pour eux, ils sont charmants, riches, intelligents, beaux, leurs enfants et leurs parents sont formidables et… Caroline Ingalls, sors de ce corps ! »

Non, en fait je cherche la faille. Et en général, je la trouve, ce qui me procure une joie mauvaise, mais très éphémère parce que juste après je me mets à prier pour qu'il ne m'arrive pas la même chose.

« Le sabbat a été fait pour l'homme,
et non l'homme pour le sabbat. »

Évangile selon Marc, II, 27

15

CULPAFUCK… LA RELIGION

Peut-on croire en Dieu sans croire tout ce qu'Il dit ?

Déjà, être croyant, ce n'est pas forcément être religieux, et vice versa. Je connais des gens très religieux qui ont une foi très pauvre et des gens pétris de foi qui n'ont pas de pratique religieuse.

À supposer qu'un être créateur existe, mettons-nous donc un instant à la place de Dieu·se — oui, je ne vois pas pourquoi on n'aurait pas un féminin pour Dieu, d'autant que, si Dieu transcende tout, je suppose qu'Il·Elle transcende également le genre. Pour être franche, si j'étais Dieu·se, je crois que je ferais un peu la tête en voyant ce que les humains ont fait de mes messages.

Ah… je sens un peu de friture sur la ligne…

♦ ♦ ♦

Je te le fais pas dire... Franchement, les humains, j'en peux plus. Je passe des messages de base depuis des siècles et, tout ce qu'ils retiennent, c'est qu'un mec a ouvert les eaux, un autre a ressuscité et le troisième a gagné des guerres...

Moïse, Jésus, Mahomet : c'est les postiers, bon sang !!! Ils livrent le message et basta ! Mais vous, les humains, vous... Je vous envoie des messages, et vous vénérez le postier, franchement, je vous déteste.

Quand le postier vous apporte une lettre, tout ce que vous retenez, c'est qu'il roulait avec un vélo électrique ? C'étaient des métaphores, tout ça ! Enfin, on s'en fout, des miracles des uns et des autres, c'est le message, l'important !

En plus, comme je vous connais, j'avais exprès pris des gars *lambda*, ni beaux ni moches, pas riches, pas puissants, rien, pour pas que vous en fassiez des gourous, je n'ai pris que des types super ordinaires et je leur ai filé les textes.

Mais vous, comme des bananes, là, vous lâchez plus le type, vous écoutez à peine ce qu'il dit, et que vous le priez, et que vous voulez vivre comme lui...

Vous pensez vraiment que je vous laisse évoluer depuis des siècles pour que vous viviez comme il y a deux mille ans ? J'ai l'air teubé à ce point ? Votre bêtise est tellement vexante.

Et vas-y qu'à force de vénérer le postier je te construis des bureaux de poste à tous les coins de rue : des églises, des synagogues et des mosquées... Je dis pas, c'est joli, mais faites-les dans votre cœur avant de les mettre dans les rues.

Ils sont cons, je te jure.

Le truc qui me rend dingue, c'est quand ils se tuent les uns les autres mais en mon nom. Des maboules. Je me suis fait suer le burnous à les créer avec tout ce qu'il faut, des bras, un cerveau, des intestins... C'est ma créature la plus évoluée, et ils se tuent entre eux en disant que c'est moi qui veux. J'en peux plus, les humains me soûlent.

Moi je veux qu'une chose : c'est que vos corps vous servent à faire grandir vos âmes punto basta !, le reste je m'en cague. Qu'on me lâche la grappe. Je m'en fous, même, qu'ils ne croient pas en moi, voire s'ils pouvaient m'oublier un peu, tous.

Ah oui, et puis les femmes, mais qu'est-ce que j'ai fait à Moi-Même pour qu'ils emmerdent les femmes à ce point... ? Et vas-y que je te cache, que je te tue à la naissance, que je t'enferme à vie... Tout ça pour quoi ? Parce que je leur ai mis un utérus... J'ai hésité à le coller aux deux, aux hommes et aux femmes, j'ai fait l'essai et ça a foiré complètement : « Agnagnagna, elles ont un utérus et pas nous, ben pour la peine elles ont pas le droit de coucher avec qui elles veulent, na ! » Les gens me fatiguent, si vous saviez...

Le truc qui me vexe, c'est quand on cache et on punit les femmes au nom de Moi... Les humains sont tellement abrutis qu'ils·elles n'imaginent même pas que je puisse être une âme au moins en partie féminine...

Mais réfléchissez, bordel : comment j'aurais fait pour créer une femme si je savais pas ce que c'était ! Ça vous la coupe ça, évidemment… Alors, le coup de les voiler — même quand elles se baignent ! — pour pas m'offenser, je me marre… Enfin, je me marre…

Évidemment, que vos religions sont misogynes, enfin ! Chez les cathos, tous les trucs importants sont faits par les bonshommes, à la messe, t'es une femme, tu montes pas l'autel, tu files pas la communion, les femmes, au Vatican, elles sont journalistes ou femmes de ménage…

La meilleure preuve c'est leur tube, là : le Notre-Père ! Notre-Père !! et Notre-Mère ? Pourquoi on récite pas le Notre-Mère ??? Comment vous pouvez me ramener à votre petite condition merdique d'humains : je suis censé·e avoir des testicules ? Vous comprenez le problème, à un moment ???

« Notre Mère, qui es aux cieux », ça marche aussi, hein, « que Ton règne vienne », tout ça…

Vous m'énervez.

Il y avait un message : « Tu aimeras ton prochain comme toi-même. »

C'était pas compliqué, nom de Moi ! « Tu aimeras ton prochain » : l'autre, celui qui est différent de toi… Je me suis senti·e obligé·e de préciser justement parce que c'est difficile d'aimer quelqu'un qui est différent de soi… Je sais de quoi je parle, si vous croyez que c'est facile, pour moi, de vous aimer vous.

Bref, mais y a aussi « comme toi-même », ha, ha ! Oui, parce que le but, c'est que vous vous aimiez vous-mêmes, et ça, tout le monde l'oublie… Nan nan nan, vous vous aimez pas vraiment vous-mêmes, vous feriez pas tout ça à la planète si vous vous aimiez en tant qu'humains, c'est évident… Au passage, l'écologie, c'est pas pour sauver la planète, c'est pour sauver l'humanité, et je suis sûr·e que c'est pour ça que vous ne faites aucun effort : vous vous regardez dans le miroir et, au lieu de vous réjouir de la merveille que J'AI créée, vous la détestez et vous rachetez un smartphone en attendant la fin du monde.

Évidemment, que vous vous aimez pas : sinon pourquoi la mode ? Pourquoi les cosmétiques ? Pourquoi les tonnes de bouffe immonde que vous ingurgitez et surtout pourquoi la téléréalité ?

Avant de vénérer Moi ou mes postiers, déjà aimez-vous, vous, la base, et après commencez à aimer correctement votre prochain.

Je compte sur vous.

Bisous, Dieu·se.

♦♦♦

Ah… on m'annonce que le signal a été perdu, bon.

CQFD.

◇◇◇◇◇◇◇◇◇◇◇◇◇

ÉPILOGUE

Vais-je devenir infréquentable si je ne me sens plus coupable ?

Infréquentable, non. Mais il est vrai que le but de ce manifeste n'est pas de se faire aimer, ou si, mais par soi essentiellement. Vous avez intérêt à vous aimer très fort après ce livre parce que plus personne ne vous aimera… comme avant. **#CapriCestFini**

Concrètement, il est fort probable que, si vous vous sentez moins coupable, on vous reproche votre égoïsme. Et c'est une excellente nouvelle !

D'abord parce que cela vous permettra de faire le tri dans vos relations. D'après mon expérience, ce sont les personnes les plus égocentriques qui se scandalisent le plus de l'égoïsme des autres. « Un égoïste, c'est quelqu'un qui ne pense pas à moi[1] » est une vraie phrase d'égocentrique.

1 Eugène Labiche.

Laissez-moi partager avec vous la différence que je fais entre un·e égoïste et un·e égocentrique.

Pour moi, l'égoïste est quelqu'un qui a conscience de ses besoins et de ceux des autres et qui choisit en conscience de privilégier les siens.

L'égocentrique s'en contrefout : il·elle n'a absolument pas conscience que les autres ont des besoins.

Il est possible de négocier avec un·e égoïste : l'égoïste a conscience de l'existence des besoins propres des individus qui l'entourent, ce qui lui permet d'ajuster son curseur aux circonstances, aux sentiments et émotions de l'autre. Là où l'égocentrique s'en tamponne complètement. #IlSenTapeLaBiteSurUnBancDoursins

Et pour cause : l'égocentrique n'a aucune espèce de conscience des autres, sauf, éventuellement, pour se demander ce qu'ils·elles pensent de lui.

Vous connaissez l'histoire des deux acteurs qui se croisent par hasard ?

L'un dit : « Ah tiens, je t'ai vu l'autre jour dans le métro », et l'autre répond : « Ah oui ? Et j'étais comment ? » Typiquement égocentrique. « Parlez-moi de moi, il n'y a que cela qui m'intéresse. »

On reconnaît un·e égocentrique à son incapacité totale à percevoir et à être touché·e par les ressentis de la personne qui lui fait face. L'égocentrique est seul·e au monde, au sens où il·elle pense que tout dépend de lui·d'elle, en bien comme en mal, et que tout tourne autour de lui·d'elle.

En fait, l'égocentrique est un enfant de 4 ans dans un corps d'adulte, ce qui le·la rend non seulement énervant·e mais parfois aussi toxique donc dangereux.se qu'une bouteille de Javel sans étiquette. **#GlouGlouFatal**

Et que fait un enfant de 4 ans pour obtenir ce qu'il souhaite ? Il demande d'abord gentiment, puis assez rapidement se roule par terre en hurlant, ignorant toute convention sociale en jouant sur la gêne de l'ennemi. Bref, il manipule. Imaginez alors ce que cet enfant de 4 ans peut faire s'il a le corps, le vocabulaire et l'expérience d'une personne adulte !

Les gens qui manipulent les autres sont à mon avis des égocentriques intégristes, des gens qui ignorent tellement les sentiments des autres qu'ils·elles cherchent à les soumettre à leur volonté, sans aucun scrupule. L'égocentrique souhaite plier le monde à ses volontés, sans contestation possible. **#KimJongTruc**

En fait, l'égoïste est démocrate, l'égocentrique non. L'égoïste est donc fréquentable, l'égocentrique, non.

Enfin, être égoïste, c'est certes prendre l'option, peut-être contestable, de faire passer ses besoins avant ceux des autres, mais c'est surtout avoir pris conscience que nous ne sommes pas tout-puissants. Que ce que vivent les autres ne dépend pas uniquement de nous, ce qui, personnellement, me libère d'une sacrée responsabilité. **#YooooMama**

Le sentiment de culpabilité naît en effet directement du sentiment de toute-puissance. Sentiment qui nous anime entre 0 et 4 ans, lorsque, par un simple sourire, nous faisons sourire nos parents, par un simple cri, nous obtenons à manger, par un simple bâillement, nous éliminons le monde autour de nous en nous endormant. Si ce sentiment est très sain entre 0 et 4 ans, parce qu'il nous apporte un sentiment de sécurité incomparable, il est urgent de le relativiser lorsqu'on atteint l'âge adulte : si tout dépend de nous, alors nous sommes en effet coupables de tout ce qui se passe autour de nous, voire sur la planète, et même dans l'univers. **#SuperPowaPourri**

À titre personnel, je préfère renoncer à cette belle carrière de Dieu·se incarné·e pour me consacrer à une vie humaine incertaine, certes, dans laquelle l'impermanence règne — ce qui est très agaçant quand on est en vacances, mais moins quand on est coincé dans les embouteillages. Je préfère choisir mes relations plutôt que de les subir, je préfère rendre service par générosité plutôt que par culpabilité, bref, je préfère vivre joyeuse plutôt que complexée.

Et vous ?

#COURAGE

Parce que chanter et danser fait clairement partie de mes rites vaudous, voici ma playlist CULPAFUCK !

RAGE AGAINST THE MACHINE, *KILLING IN THE NAME*

« Fuck you, I won't do what you tell me »

DONNA SUMMER & BARBRA STREISAND, *NO MORE TEARS*

« Just look him in the eye and simply shout : enough is enough »

Rage against the Machine, *Killing in the Name*, 1993
composée par : Timothy Commerford, Brad J. Wilk, Tom Morello, Zack M. De La Rocha.
Barbra Steisand — Donna Summer, *No More Tears*, 1979
composée par : Paul F. Jabara, Bruce Roberts.

LILY ALLEN,
FUCK YOU

« Fuck you,
fuck you very, very much »

AMY WINEHOUSE,
YOU KNOW
I'M NO GOOD

« I cheated myself,
like I knew I would »

CHARLIE WINSTON,
LIKE A HOBO

« Like a hobo from a broken home,
nothing's gonna stop me »

Lily Allen, *Fuck You*, 2009, composée par : Lily Allen, Kurstin Gregory Allen.
Amy Winehouse, *You know I'm no good*, 2007, composée par : Amy Winehouse
Charlie Winston, *Like a Hobo*, 2009, composée par : Charlie Winston

... ET BIEN ENTENDU...

GLORIA GAYNOR,
I AM WHAT I AM

« I am what I am,
I am my own special creation »,
so come take a look,
give me the hook or the ovation »

Gloria Gaynor, *I am what I am*, 1984
composée par : Jerry Herman

REMERCIEMENTS

À Gandhi pour « Sois le changement que tu veux voir arriver dans le monde », que Michael Jackson a honteusement plagié avec sa chanson *Man in the Mirror.*

À Colette (l'écrivaine, pas la boutique) pour avoir complètement culpafucké son époque.

À Fabien D., ce collègue de travail, quand je démarrais dans les bureaux, qui m'a fait passer cette citation : « Seuls ceux qui pensent pouvoir changer le monde le font. » Ça n'était sans doute pas son intention, mais je le remercie de m'avoir encouragée dans ma mégalomanie.

À mon amie Julie Stein pour cette citation trouvée sur Internet : « Personne n'attend que tu sauves le monde, sinon tu serais né·e avec une cape et des collants. »

Au psy de mon amie Gabrielle pour : « Quand tu quittes un camp de concentration, ne t'attends pas à ce qu'ils te laissent partir en disant : "Merci pour tout ! À bientôt !". »

À toutes celles et tous ceux qui m'ont aidée à écrire ce livre, volontairement ou non :

Julie Maillard, qui a accepté de devenir mon agent, pour son plus grand désespoir.

Marie Eugène, ma courageuse et très créative éditrice.

Gabrielle R., Caroline C., qui m'ont lue en tout premier.

L'ensemble des abonné·e·s Facebook qui ont répondu à mon petit sondage : « Quelle est la phrase la plus culpabilisante que vous ayez entendue ? » Un grand merci à vous pour vos commentaires et messages, drôles parfois, très durs souvent, j'espère que ce livre vous encouragera à culpafucker avec brio !

Et, bien entendu, le transpalette d'emmerdeurs et d'emmerdeuses confirmé·e·s, sans lesquel·le·s je n'aurais pas été aussi inspirée.

@oliviamoore.officiel

@oliviamooretwee

@oliviamooreinsta

Composition et mise en pages
Nord Compo à Villeneuve-d'Ascq

Achevé d'imprimer en septembre 2018
par Normandie Roto Impression s.a.s.
61250 Lonrai
N° d'impression : 1803580
Imprimé en France

Fleuve Éditions
12, avenue d'Italie
75627 Paris Cedex 13

R11806/01